古代歷史文化研究輯刊

十五編

王 明 蓀 主編

第 19 冊

中國古人生活淺論

蔣 武 雄 著

國家圖書館出版品預行編目資料

中國古人生活淺論／蔣武雄 著 — 初版 — 新北市：花木蘭文
化出版社，2016〔民 105〕
序 2+ 目 2+160 面；19×26 公分
（古代歷史文化研究輯刊 十五編：第 19 冊）
ISBN 978-986-404-616-4(精裝)
1. 生活史研究 2. 中國
618   105002225

ISBN-978-986-404-616-4

古代歷史文化研究輯刊
十五編　第十九冊　　　　　　　ISBN：978-986-404-616-4

中國古人生活淺論

作　　者　蔣武雄
主　　編　王明蓀
總 編 輯　杜潔祥
副總編輯　楊嘉樂
編　　輯　許郁翎
出　　版　花木蘭文化出版社
社　　長　高小娟
聯絡地址　235 新北市中和區中安街七二號十三樓
　　　　　電話：02-2923-1455／傳眞：02-2923-1452
網　　址　http://www.huamulan.tw 信箱 hml810518@gmail.com
印　　刷　普羅文化出版廣告事業
初　　版　2016 年 3 月
全書字數　94692 字
定　　價　十五編 23 冊（精裝）台幣 45,000 元

中國古人生活淺論

蔣武雄 著

作者簡介

蔣武雄，1952 年生。1974 年畢業於東海大學歷史學系；1978 年畢業於政治大學邊政研究所；1986 年畢業於中國文化大學史學研究所博士班；現為東吳大學歷史學系教授。主要研究領域為中國災荒救濟史、中國古人生活史、中國邊疆民族史、宋遼金元史、明史。先後在《東方雜誌》、《中華文化復興月刊》、《中國邊政》、《中國歷史學會史學集刊》、《空大人文學報》、《東吳歷史學報》、《中國中古史研究》、《國史館館刊》、《中央大學人文學報》、《玄奘佛學研究》、《史匯》、《中央日報長河版》等刊物發表歷史學術論文一百三十餘篇，以及出版《遼與五代政權轉移關係始末》、《明代災荒與救濟政策之研究》、《遼金夏元史研究》、《遼與五代外交研究》、《宋遼外交研究》、《宋遼人物與兩國外交》等著作。

提　　要

　　古人的生活已經成為歷史，而今人的生活也將成為歷史，但是其間有許多的傳承，因此古人的生活值得我們加以了解，並且可以拿來和現代生活互相做印証，從中獲得經驗和借鏡。這也是筆者撰寫中國古人生活文章，以及在大學部、研究所講授中國古人生活史的本意。今天輯錄成書的文章，包括了中國古代上自皇帝下至百姓的物質、精神生活，如加以分類，則大致可分為中國古人的身體髮膚、起居作息、娛樂運動、修心養性、災難受害與其他等六類。

自　序

　　民國七十五年七月，筆者從中國文化大學史學研究所取得博士學位之後，在原先任職的國史館，負責傳記組和《國史館館刊》主編兩項工作，每天都很忙碌。但是因為平日喜歡閱讀與寫作，因此在八十年八月，筆者轉至東吳大學歷史學系任教之前，在這五、六年當中，筆者常常於早晨五點鐘起床，閱讀《古今圖書集成》、筆記小說、二十六史等，從中蒐尋比較偏於中國古人生活的史料，並且思考相關的題目。

　　因此從民國七十七年十月四日至八十二年十一月十七日，筆者先後以本名或筆名蔣端，在中央日報副刊長河版發表了三十一篇關於中國古人生活的文章。這些文章後來也成為筆者在大學部和研究所上課的教材，因此現在將各篇文章稍作修改與補充，並且依據發表的先後順序輯錄成書，另外也附錄兩篇相關的文章，希望均能有助於讀者對中國古人生活的了解。

蔣武雄　謹識

於民國一〇四年十一月二十九日

東吳大學研究室

目次

一、中國古代的連體嬰

連體嬰的誕生，古今都有。但在今日，醫學進步，不僅證實其原因為孕婦服藥不當所致，且少數幸運者已能被順利分割。雖然肢體或許會有殘缺，但如予以充分照顧，尚可長大成人。而反觀我國古代的連體嬰，則多遭不幸，生下即被遺棄，任其死亡。

據《漢書・五行志》記載：

> 西漢平帝元始元年（西元 1 年）……六月，長安女子有生兒，兩頭、
> 異頸、面相鄉、四臂、共胸、俱前鄉，尻上有目長兩寸所。〔註1〕

本應是正常的二體雙胞胎，卻胸部互相連接，且身體又有異狀，脊椎骨末端竟長出眼睛，誠為怪事。

《後漢書・五行志》則說：

> 東漢靈帝光和二年（西元 179 年），雒陽上西門外女子生兒，兩頭、
> 異肩、共胸、俱前向，以為不祥，墮地棄之。〔註2〕

古代多以生產連體嬰為不祥徵兆，因此遺棄不養。

在我國古書中，有關連體嬰的記載很多。例如《晉書・五行志》說：

> （西晉）愍帝建興四年（西元 316 年），新蔡縣吏任僑妻產二女，腹
> 與心相合，自胸以上，臍以下各分。〔註3〕

《魏書・靈徵志》說：

> 北魏敬宗永安三年（西元 530 年）十一月丁卯，京師民家妻產男，

〔註 1〕班固，《漢書》，卷 27 下之上，五行志第 7 下之上。
〔註 2〕范曄，《後漢書》，志第 17，五行 5，人痾。
〔註 3〕房玄齡，《晉書》，卷 29，志第 19，五行下，人痾。

一頭、二身、四手、四腳、三耳。〔註4〕

明代田藝蘅《留青日札》說：

> 明孝宗弘治間，湖市民家生子，一頭、兩面、二耳、四足、具男女
> 形，……。明世宗嘉靖初，西溪婦生一子，兩頭、一身、五臟在
> 外。〔註5〕

《山西通志》說：

> 明神宗萬曆三十八年（西元1610年）夏，……繁峙民李宜臣妻孿生
> 二女，頭面相連，手足各分。其一，耳目各一、齒四、手足俱具。
> 一則耳目各一、齒四、一手、兩足。〔註6〕

胎兒二體不幸相連，則往往會有各種出乎意料之外的組合，也會有某部分器
官的殘缺，尤其頭面相連，或兩頭一身，即使今日醫術高明，恐怕也難以順
利分割。

另據《新唐書‧五行志》記載：

> （唐高宗）儀鳳三年（西元678年）四月，涇州獻二小兒，連心異
> 體。初，鶉觚縣衛士胡萬年妻吳氏生一男一女，其胸相連，餘各異
> 體，乃析之，則皆死。又產，復然，俱男女，遂育之，至是四歲，
> 獻於朝。〔註7〕

古代醫術落後，設備不足，分割連體嬰，當然易致死亡。然而尤其罕見者，
該婦竟然先後二次皆產連體胎兒，且第二胎曾養育至四歲以上，此在古代而
言，頗不容易。

宋人周密《癸辛雜識》說：

> （元世祖）至元二十七年（西元1290年），大水，湖州府儀鳳橋下，
> 有新生死小兒棄於水中者，兩手、四臂、四足、面相嚮抱持、胸脅
> 相連、一男一女，丐者取以示人而乞錢。〔註8〕

胎兒連體，死而棄於水中，已是悲至慘極，竟又被丐者取來示人，做為賺錢
的工具，人間悽慘的事，實在難以言喻。

（中央日報副刊，第十七版長河版，民國七十七年十月四日）

〔註4〕魏收，《魏書》，卷112上，靈徵志第8上，人痾。
〔註5〕田藝蘅，《留青日札》，卷2，生異類。
〔註6〕儲大文等，《山西通志》，卷163，祥異。
〔註7〕歐陽修，《新唐書》，卷36，志第26，五行3，人痾。
〔註8〕周密，《癸辛雜識》，別集上，陶斐雙縊。

二、下在中國古代的毛雨、砂雨、豆雨、血雨

　　下雨是氣候變化中的一種自然現象，本來不足爲奇，但是卻有因氣候異常，從天空落下一些異物，而形成怪雨的時候。其實，當有這種奇異景象發生時，並不算是眞正的下雨，但是在我國古書中往往稱之爲「雨異」，因其也如同雨水一般，從天而降。

　　我國地形複雜，氣候多變化，天雨異物，歷代各地皆時有所聞，且種類繁多，無奇不有。例如：《隋書・高祖本紀》：

　　　　隋文帝開皇六年（西元 586 年）秋七月乙丑，京師雨毛，如馬鬣尾，
　　　　長者二尺餘，短者六、七寸。〔註1〕

《宋史・五行志》：

　　　　宋神宗熙寧元年（西元 1068 年），荆、襄間天雨白氅如馬尾，長者
　　　　尺餘，瀰漫山谷。〔註2〕

《元史・五行志》：

　　　　元順帝至元六年（西元 1340 年）七月，延安路廊州雨白毛，如馬鬃，
　　　　所屬邑亦如之。〔註3〕

此爲毛類異物從天而下的記錄，令人感到巧合的是，古人未見過該類毛物，而此三部正史並非同一時期、同一批人所修，竟都以馬匹的毛作比喻，足見景象之類似與奇妙。

〔註1〕魏徵，《隋書》，卷1，帝紀第1，高祖上。
〔註2〕脫脫，《宋史》，卷67，志第20，五行5。
〔註3〕宋濂，《元史》，卷51，志第3下，五行2。

　　另外從古書中，也可看見天降土、沙、石的記載，例如：《元史·世祖本紀》：

> 元世祖至元二十四年（西元 1287 年）十二月，諸王薛徹都等所駐之地，雨土七晝夜，羊畜死不可勝計。〔註4〕

《元史·五行志》：

> 元成宗大德十年（西元 1306 年）二月，大同平地縣雨沙，黑霾，斃牛馬二千，人亦有死者。〔註5〕

《隋書·高祖本紀》：

> 隋文帝開皇七年（西元 587 年）五月己卯，雨石于武安、滏陽間十餘里。〔註6〕

《續文獻通考》：

> 明孝宗弘治庚戌（三年，西元 1490 年）三月，陝西慶陽府雨石無數，大者如鵝鴨卵，小者如雞頭。〔註7〕

此種土、沙、石之類的東西，黑壓壓的一片從天而降，不管細如沙或大如卵，均非同小可，殺傷力很強，損失極為慘重。

　　更奇怪的是連動植物這些以大地為家，無翅膀可升天的東西，也會從天上掉下來，例如：《綏寇紀略》載：

> 明思宗崇禎十年（西元 1637 年）八月，黃州天雨蟲，色黑，大如菽，蠕蠕動，食苗俱盡。〔註8〕

《後漢書·五行志》：

> 東漢桓帝建和三年（西元 149 年）秋七月，北地廉雨肉，似羊肋，或大如手。〔註9〕

《漢書·五行志》：

> 西漢成帝鴻嘉四年（西元前 17 年），雨魚于信都，長五寸以下。〔註10〕

〔註4〕宋濂，《元史》，卷 14，本紀第 14，世祖 11。
〔註5〕宋濂，《元史》，卷 50，志第 3 上，五行 1。
〔註6〕魏徵，《隋書》，卷 1，帝紀第 1，高祖上。
〔註7〕張廷玉，《續文獻通考》，卷 222。
〔註8〕吳偉業，《綏寇紀略》，卷 12。
〔註9〕范曄，《後漢書》，志第 14，五行 2。
〔註10〕班固，《漢書》，卷 27 中之下，五行志第 7 中之下。

《元史‧五行志》：

> 元順帝至正二十五年（西元 1365 年）六月戊申，京師大雨，有魚隨
> 雨而落，長尺許，人取而食之。〔註11〕

不只下蟲、下肉，還下魚。肉、魚並無翅膀，竟然能升至空中再落下，怎不
令人訝異。

至於從天空落下草、木、果實、黍、米、豆等類的植物，更是不勝枚舉，
例如：《漢書‧五行志》：

> 西漢元帝永光二年（西元前 42 年）八月，天雨草，而葉相摎結，大
> 如彈丸。〔註12〕

《新唐書‧五行志》：

> 唐德宗貞元四年（西元 786 年）正月，雨木于陳留十里許，大如指，
> 長寸餘，中空，所下者立如植。〔註13〕

陶宗儀《輟耕錄》：

> （元順帝）至正壬辰（十二年，西元 1352 年）春，自杭州避難居湖
> 州，三月廿三日，黑氣亙天，雷電以雨，有物若果核，與雨雜下，
> 五色間錯，光瑩堅固，破其實食之，似松子仁，人皆曰娑婆樹子。
>
> 〔註14〕

《金史‧五行志》：

> 金世宗大定十六年（西元 1176 年）三月戊申，雨豆於臨潢之境，其
> 形上銳而赤，食之，味頗苦。〔註15〕

《宋史‧五行志》：

> 宋哲宗元祐三年（西元 1088 年）六月，臨江縣塗井鎮雨白黍；七月，
> 又雨黑黍。〔註16〕

《博物志》：

> 西漢元帝竟寧元年（西元前 33 年），南陽郡中雨穀，小者如黍粟，
> 而青黑味苦，大者如大豆，赤黃，味如麥，下三日生根，葉狀如大

〔註11〕 宋濂，《元史》，卷 51，志第 3 下，五行 2。
〔註12〕 班固，《漢書》，卷 27 中之下，五行志第 7 中之下。
〔註13〕 歐陽修，《新唐書》，卷 34，志第 24，五行 1。
〔註14〕 陶宗儀，《輟耕錄》，卷 7，志異。
〔註15〕 脫脫，《金史》，卷 23，志第 4，五行。
〔註16〕 脫脫，《宋史》，卷 63，志第 16，五行 2 上。

豆初生時也。〔註17〕

《新唐書‧五行志》：

    唐睿宗垂拱四年（西元 688 年）三月，雨桂子於臺州，旬餘乃止。

〔註18〕

《宋史‧五行志》：

    宋孝宗乾道四年春，舒州雨黑米，堅如鐵，破之，米心通黑。〔註19〕

《廣東舊志》：

    明太祖洪武六年（西元 1373 年）六月十九日未時，廣州天雨米，如
    白粳，米身粗小長，黑色如火燒米，炊烝之爲飯甚柔軟，人爭掃拾，
    有取至二、三斗者。〔註20〕

《湖廣通志》：

    明太祖洪武二十二年（西元 1389 年）七月，荆州雨米，約二石餘，
    形似小麥，色淡黃，爨爲飯香甜。〔註21〕

此類植物從天而下，幾乎是累朝歷代，各地皆有，雖然也是一種異象，但下
的物件於民有益，則是比較令人安慰，就如同老祖宗所說的：「是老天爺可憐，
賞下的飯」吧！

    而金屬類從天而降的記載，在我國古書中也屢屢出現。例如：《續文獻通
考》：

    元順帝至正元年（西元 1341 年），碭嘉縣天雨鐵，民舍山石皆穿，
    人物遇之皆斃。……至正二十一年（西元 1361 年），昆明縣天雨鐵，
    傷禾稼，民居半圮。〔註22〕

竟然會有鐵物如雨而下，經過重力加速度後，人畜被擊，當然非死即傷。

    既然無奇不有，人們最希望的，可能是下「雨錢」了，《宋史‧五行志》
有如下的記載：

    宋高宗建炎二年（西元 1128 年），杜充爲北京留守，天雨紙錢于營
    中，厚盈寸。……紹興二年（西元 1132 年）七月，天雨錢，或從石

〔註17〕 張華，《博物志》，卷8。
〔註18〕 歐陽修，《新唐書》，卷34，志第24，五行1。
〔註19〕 脫脫，《宋史》，卷62，志第15，五行1下。
〔註20〕 《廣東舊志》，引自陳夢雷，《古今圖書集成》，曆象彙編，庶徵典，雨異部。
〔註21〕 徐國相，《湖廣通志》，卷1。
〔註22〕 張廷玉，《續文獻通考》，卷222。

鼇中湧出，有輪廓。〔註23〕

雖然錢從天落下，但未知是否能合用於當時？

　　除了天雨異物之外，有時奇怪的是，雨水竟是黑色的，例如：《河南通志》：

　　　　明世宗嘉靖三十五年（西元 1556 年），南陽天雨黑水如墨。〔註24〕

《湖廣通志》：

　　　　明世宗嘉靖四十年（西元 1561 年），棗陽雨黑水，池魚死，食之多殺人。〔註25〕

《山西通志》：

　　　　明世宗嘉靖四十五年（西元 1566 年），洪洞、趙城陡作雷雨，其色如墨，一晝夜方止，溝澮皆盈，禾稼泡爛。〔註26〕

此種黑色的雨水，可能含有毒素，人畜、植物被觸及，非死即傷。

　　比較駭人的是，下紅色的雨，古書稱之爲「雨血」，例如：《宋史・五行志》：

　　　　宋仁宗慶曆三年（西元 1043 年）十二月二十六日，天雄軍、德博州天降紅雪，盡，血雨。〔註27〕

《金史・五行志》：

　　　　金哀宗天興三年（西元 1234 年）正月己酉，日大赤無光，京、索之間雨血十餘里。是日，蔡城陷，金亡。〔註28〕

《元史・五行志》：

　　　　元順帝元統二年（西元 1334 年）正月庚朔，河南省雨血。……日過午，驟雨隨至，霑灑至牆及裳衣皆赤。〔註29〕

紅色的雨水，使人聯想爲血水，而心生恐怖。

　　我國古代科學不發達，人們較易迷信，遇有怪異的事物、景象，常用以占卜國家、皇帝、朝臣及百姓未來的吉凶，對以上所述各種「雨異」的怪事，

〔註23〕脫脫，《宋史》，卷 66，志第 19，五行 4。

〔註24〕王士俊，《河南通志》，卷 5，祥異。

〔註25〕徐國相，《湖廣通志》，卷 1。

〔註26〕覺羅石麟，《山西通志》，卷 163，祥異。

〔註27〕脫脫，《宋史》，卷 64，志第 17，五行 2 下。

〔註28〕脫脫，《金史》，卷 20，志第 1，天文。

〔註29〕宋濂，《元史》，卷 51，志第 3 下，五行 2。

也不例外。《古今圖書集成》〈庶徵典‧雨異占〉說：

> 天雨沙，民饑，君失國。……天雨血，是謂天見其妖，不出三年兵起。……天雨赤雪，有兵起大戰，有亡國。……天雨錢，其國大饑，有兵亂，或雨於人家，其家有大殃。……天雨布帛，兵喪並起，人流無所。……天雨草，其歲人多兵死。〔註30〕

這些說法，在古代往往影響人心甚鉅，而引起恐慌。如以今日自然科學的知識詳加探究，其異象應多可獲得合理的解釋。

（中央日報副刊，第十七版長河版，民國七十七年十一月二十九日）

〔註30〕陳夢雷，《古今圖書集成》，曆象彙編，庶徵典，第 80 卷，雨異部。

三、中國古代的龍捲風

　　一談起龍捲風的災情，人人多為之色變，因其驟至，毀屋拔樹，捲起人畜，甚是駭人。

　　今天科學發達，對於龍捲風的形成，已知是氣壓高低不均，產生螺旋狀風，從地面或水面，連貫天際，風狀如同漏斗。而在中國唐代，也已對龍捲風有較詳細的觀察，例如《唐開元占經》〈風名狀〉說：

> 迅風觸塵蓬勃，古云觸塵蓬勃，今謂之勃風。迴旋羊角，古云扶搖羊角，今謂之回風。回風者，旋風也。回風卒起，而圓轉扶搖，有如羊角向上轉輪，有自上而下者，有自下而上者，或平條長，或磨地而起，總謂之回風。〔註1〕

其稱龍捲風為回風。南宋葉夢得《避暑錄話》則說：

> 吳越……五、六月之間，……或濃雲中見，若尾墜地，蜿蜒屈伸者，亦止雨其一方，謂之龍挂，……屋廬林木之間，時有震擊。〔註2〕

清代《古今圖書集成》〈庶徵典・旋風占〉說：

> 飄風、回風、扶搖、羊角、焚輪，皆其類也。自下而上，值於天，亦有自上而下者，通謂旋風。〔註3〕

綜上諸書所述，可知龍捲風在中國古代雖有一些不同的稱呼，但是卻已有比較詳細的觀察。

　　關於龍捲風的災情，南朝《宋書・五行志》有如下的記載：

〔註1〕 瞿曇悉達，《唐開元占經》，卷91，〈風名狀〉。
〔註2〕 葉夢得，《避暑錄話》，卷下。
〔註3〕 陳夢雷，《古今圖書集成》，曆象彙編，庶徵典，第61卷，風異部，旋風占。

宋文帝元嘉二十六年（西元 449 年）二月庚申，壽陽驟雨，有回風，
雲霧廣三十許步，從南來，至城西回散滅。當其衝者，室屋樹木摧
倒。〔註4〕

北朝《魏書·靈徵志》說：

魏高祖太和二年（西元 478 年）七月庚申，武川鎮大風，吹去六家，
羊角而上，不知所在。……世宗正始二年（西元 505 年）二月癸卯，
有黑風，羊角而上，起於柔玄鎮，蓋地一頃，所過拔樹。〔註5〕

但是也屢有捲起人畜、器物，毀之無存的記錄，如《隋書·五行志》說：

隋文帝仁壽二年（西元 602 年），西河有胡人，乘騾在道，忽為迴風
所飄，并一車上千餘尺，乃墜，皆碎焉。〔註6〕

《遼史·聖宗本紀》說：

遼聖宗開泰七年（西元 1018 年）六月丙申，品打魯瑰部節度使勃魯
里至鼻洒河，遇微雨，忽天地晦冥，大風飄四十三人飛旋空中，良
久乃墜數里外，勃魯里幸獲免，一酒壺在地乃不移。〔註7〕

《明史·五行志》說：

明熹宗天啓四年（西元 1624 年）五月癸亥，乾清宮東丹墀旋風驟
作，內官監鐵片大如屋頂者，盤旋空中，隕於西墀，鏗訇若雷。

〔註8〕

《陝西通志》說：

明神宗萬曆二十五年（西元 1597 年），榆林怪風拔木，吹人有至三、
四十里者。〔註9〕

然而實際上，龍捲風一旦驟至，災情並不止於前之所述者，北宋沈括《夢
溪筆談》說：

（宋神宗）熙寧九年（西元 1076 年），恩州（今山東恩縣）武城縣
有旋風自東南來，望之插天如羊角，大木盡拔。俄頃，旋風卷入雲

〔註4〕 沈約，《宋書》，卷34，志第24，五行5。
〔註5〕 魏收，《魏書》，卷112上，靈徵志上。
〔註6〕 魏徵，《隋書》，卷23，志第18，五行下。
〔註7〕 脫脫，《遼史》，卷16，本紀第16，聖宗7。
〔註8〕 張廷玉，《明史》，卷30，志第6，五行3。
〔註9〕 《陝西通志》，引自陳夢雷，《古今圖書集成》，曆象彙編，庶徵典，第64卷，
風異部。

霄中，既而漸近，所經縣城，官舍、民居略盡，悉卷入雲中，縣令兒女、奴婢，卷去復墜地，死傷者數人，民間死傷亡失者不可勝計，縣城悉爲丘墟，遂移今縣。〔註10〕

《明史·五行志》也說：

明世宗嘉靖五年（西元 1526 年），陝西屢發大風，捲挈廟宇、民居百數十家，了無蹤跡。〔註11〕

顯見龍捲風的破壞與殺傷力極強，不僅傷人毀屋，甚至迫使遷移縣治。

龍捲風的行蹤，有時來自海上，南宋吳自牧《夢梁錄·江海船艦》篇說：

雨上略起朵雲，便見龍（海上龍捲風）現全身，目光如電，爪角宛然，獨不見尾耳。傾刻，大雨如注，風浪掀天，可畏尤甚。〔註12〕

《廣東通志》說：

明武宗正德十年（西元 1515 年），瓊州大風，風從東北來，海水飛捲西南，其東北岸約乾四十餘丈，魚鼈堆積。〔註13〕

由於龍捲風在海陸皆有可能形成，且形狀怪異，迅如飛龍，來去無蹤，威力強大，令人畏懼，故視之爲鬼神，並被據以占卜吉凶。如《古今圖書集成》〈庶徵典·旋風占〉說：

旋風所占，大抵應速，事小靜而宮室之中，動而行道之際，大者在軍旅之間，今各以類相從。〔註14〕

此種感應在同書中列有說明二十幾條，其中一條記之甚詳：

凡宮宅中同坐，非止一人，或十餘人同行，而有旋風，相沖未知在誰，當以風發之時，及日辰推之。風從宮來，即宮姓當之，若同音者非一人，又以長幼別之，孟爲長，年寅申己亥主之；仲爲中，年子午卯酉主之；季爲少，年辰戌丑未主之。若長幼又同者非一人，則以休王別之，日辰王相，事在尊長、貴人；休廢囚死，則在卑幼、賤人。又隔日取男、陰日取女，陽左陰右，若又同，則取衣服

〔註10〕 沈括，《夢溪筆談》，卷 21。
〔註11〕 張廷玉，《明史》，卷 30，志第 6，五行 3。
〔註12〕 吳自牧，《夢梁錄》，卷 12，江海船艦。
〔註13〕 《廣東通志》，引自陳夢雷，《古今圖書集成》，曆象彙編，庶徵典，第 64 卷，風異部。
〔註14〕 同註 3。

> 之色，宮黃徵赤羽黑商白角青，或取其所執之物以決之，即知其事
> 在誰。〔註15〕

以今日科學眼光觀之，此一占卜，實爲無稽之談，然而當時科學落後，人們易於迷信，尤其是軍事行動，勝負所繫，更須有所顧忌。因此同書〈軍中旋風占〉說：

> 凡軍行有大旋風，一日夜爲邑，二日三日爲州，四日五日爲國，六
> 日七日爲天下。營中數有旋風，不出三旬軍當破敗，宜自固守，勿
> 侵他境。……旋風從地中出，直注日下，帥死。……旋風猝起，而
> 帶三刑、五墓，賊有伏兵。……凡與敵相守，營寨有旋風歷過者，
> 隨所歷有寇至，宜急備之。〔註16〕

在我國古書中，關於龍捲風的軼事也不少，如明代《列朝詩集》說：

> 王越，字世昌，濬縣人，景泰二年（西元 1451 年）進士。廷試日，
> 旋風撃其卷颺去，逾年，高麗貢使攜以上進，占者曰：「此封候萬里
> 之徵也。」天順中，以御史超拜右副都御史，巡撫大同，進太子太
> 保、兵部尚書。成化十六年（西元 1480 年），偕汪直、朱永出塞，
> 大破賊於威寧海，封威寧伯。〔註17〕

其試卷在中國境內被龍捲風颺去，雖然是時考官特准易卷再試，但其原卷在翌年竟由高麗貢使攜回，天下事眞是無奇不有。

（中央日報副刊，第十七版長河版，民國七十七年十二月七日）

〔註15〕同註3。
〔註16〕同註3。
〔註17〕錢謙益，《列朝詩集》，丙集，王威寧越。

四、發生在我國的大地震知多少？

地震的發生，雖然為時甚短，來去迅速，但是破壞性強，常造成嚴重的災害。例如去年十一月六日晚，中國大陸雲南地區即發生芮氏地震儀七點六級的強烈地震，導致屋毀人亡，災情慘重，引起國際關切，臺灣同胞也發起賑災捐款活動。

據中國古代史書記載，自夏桀至今，地震的次數約有三千五百多次，當然此一數目僅限於較嚴重且史書有記錄者，但是平均已達每年幾近一次，不可謂不多，顯見我國為一地震頻繁的國家。

地震來臨，往往造成山崩、地裂、屋倒，使人畜被壓死傷或遭活埋，財物也多有損失。可是其乃驟然而起，根本無從預防。尤其我國古代官舍民居多為木造或版築，地基不穩，一受搖撼，隨即傾倒，人畜被壓，非死即傷。如《魏書・靈徵志》所記：

> 魏世宗延昌元年（西元 512 年）四月庚辰，京師及并、朔、相、冀、定、瀛六州地震，恒州之繁畤、桑乾、靈丘，肆州之秀容、雁門之地震陷裂，山崩泉湧，殺五千三百一十人，傷者二千七百二十二人，牛馬雜畜死傷者三千餘。〔註1〕

《宋史・仁宗本紀》：

> 宋仁宗景祐四年（西元 1037 年）十二月甲申，并、代、忻州並言地震，吏民壓死者三萬二千三百六人，傷五千六百人，畜牲死者五萬餘。〔註2〕

〔註1〕魏收，《魏書》，卷112上，靈徵志上。
〔註2〕脫脫，《宋史》，卷10，本紀第10，仁宗2。

可知地震為害甚鉅。

地震忽起之際，常會引發山鳴地雷，且餘震數回，使人惶恐不安。《金史‧五行志》有如下的記載：

衛紹王大安元年（西元1209年）十一月丙申，平陽地震，有聲自西北來，戊戌夜，又震，自此時復震動，浮山縣尤劇，城廨民居圮者十七八，死者凡二三千人。……宣宗興定三年（西元1219年）四月癸未，陝右黑風晝起，有聲如雷，頃之，地大震，平涼、鎮戎、德順尤甚，廬舍傾，壓死者以萬計，雜畜倍之。〔註3〕

地震發生後，傾倒者固然以民居為多，而官廨雖然較堅固，在地震劇烈搖撼震動之下，猶未能免，因此官吏被壓死者，也大有人在。如《元史‧世祖本紀》：

元世祖至元廿七年（西元1290年）八月癸巳，地大震，武平尤甚，壓死按察司官及總管府官王連等及民七千二百二十人，壞倉庫局四百八十間，民居不可勝計。〔註4〕

明人王圻《稗史彙編》卷一七一〈雲南地震〉條：

明憲宗成化十七年（西元1481年）六月十九日戌時，大理府地震有聲，民居動二次而止。鶴慶軍民府本日亥時，滿川地震，至天明約百次，次日午時止，廨舍墙垣俱倒，壓死軍民、囚犯、皂隸二千餘人，傷者數多，鄉村民屋倒塌一半，壓死民婦不知其數。麗江軍民府通安州本日戌時地震，人皆偃仆，牆垣多傾，以後晝夜徐動，約有八九十次，至二十四日卯時方止。〔註5〕

明人沈德符《萬曆野獲編》卷二九〈弘治異變〉條：

明孝宗弘治十四年（西元1501年）春正月朔，陝西韓城縣地震，有聲如雷，傾倒官民房屋，壓死男婦無數，自朔至望，震猶不止。

〔註6〕

同書地震條：

明世宗嘉靖十五年（西元1546年）二月二十八日丑時，四川行都司附郭、建昌衛、建昌前衛、寧番衛地雷，如雷吼者數陣，都司與二

〔註3〕脫脫，《金史》，卷23，志第4，五行。
〔註4〕宋濂，《元史》，卷16，本紀第16，世祖13。
〔註5〕王圻，《稗史彙編》，卷171，雲南地震。
〔註6〕沈德符，《萬曆野獲編》，卷29，機祥，弘治異變。

> 衛民居城牆一時皆倒，壓死都指揮一人、指揮二人、千戶二人、百
> 戶一人、鎮撫一人、吏三人、士夫一人、太學生一人、土官、土婦
> 各一人，其他軍民夷獠不可數計，又徐都司父子、書吏、軍伴等百
> 餘，無一人得脫，水湧地裂，陷三四尺，衛城內外俱若浮塊，震至
> 次月初六日猶未止。〔註7〕

可見在地震的摧殘破壞之下，官民們都遭受了極大的打擊，生命與財產損失
甚多。

地震的範圍常大小不一，有時僅限於數縣，有時擴及兩三省，則其災情
即比較慘重。清人錢泳《履園叢話》〈山鳴地動〉條：

> 清仁宗嘉慶二十年（西元 1815 年）九月十九日，山西解州各屬及蒲
> 州、同州一帶地方皆地震，河南之陝州、閱鄉、靈寶亦皆震動。惟
> 解州為尤甚，民房、城垣、祠廟倒塌無算，死者至三十餘萬人。惟
> 關帝廟大殿五間，屹然不動。自九月起，或三四日一動，或數日一
> 動，直到次年丙子春夏之交。至七月十四夜，解州、運城諸處復大
> 動如前，後遂寂然。其動時，如聞地中有波濤洶湧之聲。人民男婦
> 老幼俱露坐，富者用布帳遮風而已。〔註8〕

對此次地震描述得很詳細，也可想見餘震連續不斷，使百姓飽受驚嚇，不敢
進屋去住，只好露坐屋外。但是關於此書所稱，死亡人數多達三十餘萬人一
項，筆者曾查閱《清仁宗睿皇帝實錄》卷三一一，卻謂：

> 山西省河東運城，並蒲州、解州及所屬州縣，於（嘉慶二十年，西
> 元 1815 年）九月二十一日同時地震，壓斃人口至七千名之多。今豫
> 省陝州暨所屬之靈寶、閱鄉二縣，亦於九月二十日夜間地震，城垣、
> 廟工、考棚、倉廒、監獄及民間房屋皆有坍損，並有壓斃、壓傷之
> 人。〔註9〕

此一引文雖與前述的日期不一致，但可知均為敘述同一次的地震，只是令人
感到奇怪的是，其死亡人數竟有很大的出入。

最後筆者要談論的是古今中外史上，可能死亡人數最多的一次地震，即
是我國明代嘉靖年間發生於汾渭地塹帶的大地震。據《明世宗實錄》卷四三

〔註7〕 註同前。
〔註8〕 錢泳，《履園叢話》，卷14，祥異，山鳴地動。
〔註9〕 《清仁宗睿皇帝實錄》，卷311。

○，稱：

> 明世宗嘉靖三十四年（西元 1555 年）十二月壬寅，是日山西、陝
> 西、河南同時地震，聲如雷，雞犬鳴吠，陝西渭南、華州、朝邑、
> 三源等處，山西蒲州等處尤甚。或地裂泉湧，中有魚物，或城墻、
> 房屋陷入池中，或平地突成山阜，或一日連震數次，或累日震不
> 止。河、渭泛漲，華岳、終南山鳴，河清數日，壓死官吏軍民奏報
> 有名者八十三萬有奇。時致仕南京兵部尚書韓邦奇、南京光祿寺卿
> 馬理、南京國子祭酒王維禎同日死焉，其不知名未經奏報者，復不
> 可數計。〔註10〕

損失人命竟有如是之多，誠屬空前。讀者或有不信，則清康熙年間所編山西
《咸寧縣志》卷八藝文，收錄明人秦可大〈地震記〉，對該次地震有較詳細的
記載：

> 如渭南之城門陷入地中，華州之堵無尺豎，潼關、蒲坂之城垣淪
> 沒，則他如民庶之居、官府之舍可類推矣。……受禍人數，潼、蒲
> 之死者什七，同、華之死者什六，渭南之死者什五，臨潼之死者什
> 四，省城之死者什三，而其他州縣以地之所別近遠分淺深矣。中間
> 受禍之慘者，如韓尚書以火廟坑，而煨爐其骨，薛郎中陷入水穴者
> 丈餘，馬光祿深埋土窟，而檢屍甚難。其事變之異者，或湧出朽爛
> 之舟板，或湧出赤毛之巨魚，或山移五里，而民居儼然完立，或奮
> 起土山，而迷塞道路，其他村樹之易置，阡陌之更反，蓋又未可以
> 一一數也。〔註11〕

可見此一地震極為劇烈，非比尋常。

另外明人李開先《閒居集》中錄有〈平陽哀〉五言古詩一首，其序文談
及當時震災的情形：

> 平陽哀者，哀平陽府也。嘉靖三十四年十二月十二日夜半，山、陝
> 地震，而山西似猶過之；山西地震，而平陽似又過之。遠近同時，
> 起西北，直在東南，後雖屢震不止，止有初次為災。平陽所屬蒲、
> 解、絳、隰、霍、吉六州……二十八縣，壓死軍民四萬二千九百六
> 十五名口，塌毀房屋一十五萬六千五百六十七間，土窰二萬六千六

〔註10〕《明世宗實錄》，卷 430。
〔註11〕秦可大，〈地震記〉，收錄於《陝西咸寧縣志》，卷 8，藝文。

十七空，頭畜三萬一千三百九十五頭匹。其蒲州、榮河、安邑、臨
晉十去八九，數難盡查，大約不下十數萬。較之有名可查者，損傷
多矣。止蒲州一處，鄉士夫及遊宦死者，如劉大參、白少參、楊、
荀二僉憲。楊尚書因驚病死，白參一門共死七人，楊州判亦七人。
宗藩尤為可憫，壓薨山陰王一位，輔國將軍四位，承國將軍一位，
鎮國中尉十七位，輔國中尉三位，庶人五位，縣主一位，郡君一位，
淑人一，夫人四，宗儀儀賓、半俸儀賓共七員，未請名封子女并宮
人一百八十六名口，宮室、宗廟、宗學五百九十餘間。〔註12〕

僅平陽府所屬，死亡人數即達四萬多人，相當駭人。至於〈平陽哀〉一詩，
更敘述了地震時的可怕：

地震今方定，平陽有客來。向予泣且訴，就食行當迴。去歲冬之夜，
古今無此災。有如地維坏，忽然鳴疾雷。屋傾同拉朽，牆塌類崩崖。
物畜不足恤，民命等蒿萊。豈獨民遭困，宗藩半劫災。土高約丈餘，
火似焚油柴。大埠成深澗，平地起隆堆。湖湘天決裂，陝右地崩
摧。……。〔註13〕

類如此等劇烈的災變，實在無以名狀，似僅能以「天翻地覆」來形容。李氏
在感慨之餘，又作〈地震〉詩十首，茲錄前二首如下：

地震連山陝，殘傷億萬家。室廬盡倒塌，骸骨亂交加。占必陰偏盛，
兆或政有差。平生三老友，一夜委泥沙。

家全或失主，主在卻無家。土裂火從出，山崩水更加。天時非錯迕，
人事有參差，一望炊煙斷，風吹滿目沙。〔註14〕

死傷與損失的慘重，由此可見。

（中央日報副刊，第十七版長河版，民國七十八年一月十七日）

〔註12〕李開先，《閒居集》，五言古詩12，平陽哀序。
〔註13〕書同前，五言古詩17。
〔註14〕同註12，五言古詩15。

五、顛倒陰陽錯置鸞鳳
——古代男女變性軼事

　　現代醫學發達，已可經由手術，使男女變性，雖然仍或有美中不足之處，無法使器官與功能皆如原先造物者所賜予那麼完善，但是經過變性手術後，也多能過著如同常人的生活。本文要談的，則是中國古代在無人工之下的自然變性軼事。

　　中國自古以來，對於男女的變性，不僅將其視爲怪事，且常比喻爲政局的轉變，例如《春秋緯》〈潛潭巴〉說：

> 女子化爲丈夫，賢人去位，君獨居；丈夫化爲女子，陰氣淖，小人聚。〔註1〕

《漢書・五行志》，說：

> 史記魏襄王十三年，魏有女子化爲丈夫。京房易傳曰：「女子化爲丈夫，茲謂陰昌，賤人爲王；丈夫化爲女子，茲謂陰勝，厥咎亡。」
>
> 一曰：「男化爲女，宮刑濫也，女化爲男，婦政行也。」〔註2〕

雖然說法各有不同，但是不外皆用來印證朝廷的政治情勢。《後漢書・五行志》亦提到：

> 東漢獻帝建安七年（西元202年），越巂有男化爲女子，時周羣上言，哀帝時亦有此異，將有易代之事。〔註3〕

〔註1〕 《春秋緯》，潛潭巴，收錄於陳夢雷，《古今圖書集成》，曆象彙編，庶徵典，第140卷，人異部。

〔註2〕 班固，《漢書》，卷27下之上，五行志第7下之上。

〔註3〕 范曄，《後漢書》，志第17，五行5。

可見男化爲女，有時被認爲是朝代更迭的徵兆，因此大臣周羣以西漢哀帝時男變女，西漢遂爲王莽所篡爲例，上奏於朝廷。或許是巧合，後來史實的發展，東漢竟然於獻帝建安二十五年（西元 220 年）也被曹丕所篡。

在我國古代固然也有人工的變性，即是男人的去勢，被閹割生殖器，而使其失去男性的種種特徵，但是這並不能算爲眞正的變性。另外，女子停經後，臉上長出鬍鬚，也不應視爲變性。在古書上似乎常將此當作怪事而予以記錄下來，《宋史・五行志》即說：

> 宋徽宗宣和六年（西元 1124 年），都城……豐樂樓酒保朱氏子之妻，
> 可四十餘，楚州人，忽生髭，長僅六七寸，疏秀而美，宛然一男子，
> 特詔度爲女道士。〔註4〕

關於此事，《宣政雜錄》有類似的記載：

> 宣和初，都下有朱節以罪置外州，其妻年四十，居望春門外，忽一
> 夕頤頷癢甚，至明，鬚出，長尺餘，人問其實，莫知所以，賜度牒
> 爲女冠，居於家。〔註5〕

顯然是停經的關係，使這位女子長出了鬍鬚。《明史・五行志》亦說：

> 明孝宗弘治十六年（西元 1503 年）五月，應山民張本華妻崔氏生鬚
> 長三寸。是時，鄖陽商婦生鬚三繚，約百餘莖。〔註6〕

明人陸粲《庚巳編》對此事則說：

> 弘治末，隨州應山縣女子生髭，長三寸餘，見於邸報。予里人卓四
> 者，往年商於鄖陽，見主家一婦美色，頷下生鬚三繚，約數十莖，
> 長可數寸，人目爲三鬚娘。〔註7〕

婦人生出鬍鬚，竟然還會捲曲三圈。但是如以今日對人體生理的認識，這種現象實在並不算是什麼不得了。只是古人無知，不僅對其嘖嘖稱奇，有時還認爲是好的徵兆，明人朱國禎《湧幢小品》卷二一說：

> 李光弼之母李氏，封韓國太夫人，有鬚數十，長五寸，爲婦人奇貴
> 徵。〔註8〕

不知此種說法可否正確？

〔註4〕脫脫，《宋史》，卷62，志第15，五行1下。
〔註5〕江萬里，《宣政雜錄》，說略2，雜記2。
〔註6〕張廷玉，《明史》，卷28，志第4，五行1，人痾。
〔註7〕陸粲，《庚巳編》，第3卷，婦人生鬚。
〔註8〕朱國禎，《湧幢小品》，卷21，婦人有鬚。

我國古代男女的變性，早在《竹書紀年》一書即有記載：

> （商代）帝辛四十二年，有女子化爲丈夫。〔註9〕

談到這種女變爲男，《晉書・五行志》曾說：

> 晉惠帝元康中，安豐有女子周世寧，年八歲，漸化爲男，至十七、
> 八而氣性成。〔註10〕

此位女子從八歲起，逐漸顯現男性象徵，至十七、八歲，終成一十足的男性。
《新唐書・五行志》亦說：

> 唐僖宗光啓二年（西元886年）春，鳳翔郿縣女子未齔化爲丈夫，
> 旬日而死。〔註11〕

這位女子的遭遇較爲可憐，同樣約在七、八歲遇此突變，不幸，未久即死。
另外，《皇明大政紀》亦提到：

> 明世宗嘉靖二十六年（西元1547年）七月，……大同右衛參將馬繼宗
> 舍人馬祿女，年十有七歲，將適人，化爲男子，撫按官以聞。〔註12〕

實在可悲，將要嫁人了，卻變性爲男子，不知其後來結果如何？

至於男變爲女的記載，明人李時珍《本草綱目》說：

> 明穆宗隆慶二年（西元1568年），山西御史宋纁疏言，靜樂縣民李
> 良雨娶妻張氏，已四載矣。後因貧，出其妻，自傭于人。隆慶元年
> 正月，偶得腹痛，時作時止，二年二月初九日，大痛不止，至四月
> 內，腎囊不覺退縮入腹，變爲女人陰戶，次月，經水亦行，始換女
> 粧，時年二十八矣。〔註13〕

眞是不可思議，本是一堂堂男子漢，且曾結婚四年，竟於離婚後，變爲女兒
身，生理機能亦與女子同，當然只好換女粧了，不知後來可否嫁人生子？因
爲據《漢書・五行志》記有如下一則說：

> （西漢哀帝）建平中，豫章有男子化爲女子，嫁爲人婦，生一子。
> 長安陳鳳言此陽變爲陰，將亡繼嗣，自相生之象。一曰：「嫁爲人婦
> 生一子者，將復一世乃絕。」〔註14〕

〔註9〕《竹書紀年》，卷上。

〔註10〕房玄齡，《晉書》，卷29，志第10，五行下。

〔註11〕歐陽修，《新唐書》，卷36，志第26，五行3。

〔註12〕雷禮等人，《皇明大政紀》，引自陳夢雷，《古今圖書集成》，曆象彙編，庶徵
典，第141卷，人異部。

〔註13〕李時珍，《本草綱目》，卷52，人部，人傀。

〔註14〕班固，《漢書》，卷27下之上，五行志第7下之上。

不僅由男變爲女，且還結婚生子，可見已變得如正常的女子了。此爲男子先經變性後，才懷孕生產的記載，而於《宋史‧五行志》中，有一則提到男子並無變性，卻懷孕生兒的怪事，其說：

> 宋徽宗宣和六年（西元 1124 年），都城有賣青果男子，孕而生子，
> 蓐母不能收，易七人，始娩而逃去。〔註15〕

男子的生理機能與女子不同，竟還能懷孕，胎兒亦能逐漸成長。而最麻煩者，即是不知該如何生產，以宋代當時的醫學技術，這必定是件非常令人棘手的事，難怪收生婆不敢也無法勝任，連續換了七位收生婆，而且其在產後，深覺無顏見人，乃暗中離去。只是不知當時是用什麼方法把胎兒生下來？難道是剖腹不成？

既然我國有許多古書記載男女變性的事情，可見此種怪事偶然會發生，引人稱奇。筆者在明人王圻《稗史彙編》中亦見有男變爲女的記載：

> 洛中二行賈最友善，忽一年少者，腹痛不可忍，其友巫爲醫治，幸
> 不死，旬餘而化爲女，事上撫按，具奏于朝，適二賈皆未婚，奉旨
> 配爲夫婦，此萬曆（明神宗年號）丙戌年（十四年，西元 1568 年）
> 事也。〔註16〕

兩位好友因其中一人由男變爲女，進而結成夫婦，眞可傳爲美談。但是亦有因變性而害人者，同書〈女變男〉說：

> 廣州有蕭某家者，……有侍婢忽有妊，蕭疑與奴僕私通，苦詰之，
> 則曰與大娘子私合而孕也，大娘者，即蕭之女，年十八，向許嫁王
> 氏子，自十六年，漸變爲男子，而家人不知也，自此始彰焉。〔註17〕

此爲性別變了，以致於犯此差錯。

下列一則女變爲男的軼事，其過程相當離奇、曲折、感人。清人吳陳琰《曠園雜志》說：

> 當塗楊璜字希周，持己正直，不肯詭隨，會兵亂，嘆曰：「吾祖宗丘
> 壠在焉，安忍棄去。」因匿妻妾與子於林中，以身守壠，兵見墓上
> 有衣冠者，奔執之，楊遂赴水。子甫十齡，自林間見父溺亦號哭，
> 棄投水，時順治丙戌（三年，西元 1646 年）三月十六日也。久之，

〔註15〕 同註4。
〔註16〕 王圻，《稗史彙編》，卷172。
〔註17〕 註同前。

父子兩屍攜手浮出，如曹娥江故事，妻陸氏悲悼欲絕，因妾有遺腹，遂破涕言曰：「吾夫庶有後乎，吾死誰爲撫？」朝夕飲泣，誦佛號，夜夢佛賜一子，醒而議之。未幾，妾乃生女，陸謂無復望矣。丁亥（四年，西元 1647 年）春，聚族人分其產，族長不忍，議至非祥作佛事，大會親族，丁亥三月十六日也。散齋之夕，女呱呱哭不已，妾張氏抱女就枕，張夢魘不醒，陸疾呼，張若無聞，怪而視之，則此女已非女矣，驚呼家人，見其面目身體如故，惟私處已具人道，其旁血痕尚在也。眾咸詫異，謂前夢不虛，至佛前臚拜，更名佛賜。次日，觀者填門，縣令張某取兒，庭閱之果眞，嘉賞之。計變身之日，即去年父子死難之日，或即十齡殉父之子再現身也。宣城湯君謨目觀其事。〔註18〕

此段軼事雖然以悲劇開始，而終能以喜劇收場，實爲不幸中之大幸，但是此一十齡孝子，孝行感動神明，轉世爲女體，復變爲男身，更是奇事。

（中央日報副刊，第十七版長河版，民國七十八年一月二十四日）

〔註18〕 吳陳琰，《曠園雜志》上，女化爲男。

六、蛇鬥——暗喻永無休止的政治變局

中國古代認為「蛇鬥」是不祥的徵兆。清人黃鼎《管窺輯要》說：

> 蛇鬥于市，其國人虛；蛇鬥于野，其地有兵；鬥于道，羣雄起爭；
> 蛇鬥于國，國君有爭立者。〔註1〕

基於此，史家文人如耳聞目睹有關蛇鬥的情事，常將其記錄下來，一方面記其奇異，另方面也可做為預卜未來政治局勢的參考。例如《漢書・五行志》引《左氏傳》說：

> 魯嚴公時有內蛇與外蛇鬥鄭南門中，內蛇死。劉向以為近蛇孽也。
> 先是鄭厲公劫相祭仲而逐兄昭公代立。後厲公出奔，昭公復入。死，
> 弟子儀代立。厲公自外劫大夫傅瑕，使傷子儀。此外蛇殺內蛇之象
> 也。蛇死六年，而厲公立。〔註2〕

《漢書・武帝本紀》說：

> 漢武帝太始四年（西元前93年）秋七月，趙有蛇從郭外入，與邑中
> 蛇鬥孝文廟下，邑中蛇死。後二年秋，有衞太子事，事自趙人江充
> 起。〔註3〕

《隋書・五行志》亦說：

> 北齊後主武平七年（西元576年），并州招遠樓下，有赤蛇與黑蛇
> 鬥，數日，赤蛇死。赤，齊尚色；黑，周尚色。鬥而死，滅亡之象

〔註1〕黃鼎，《管窺輯要》，卷76。
〔註2〕班固，《漢書》，卷27下之上，五行志第7下之上。
〔註3〕註同前。

也。後主任用邪佞，與周師連兵於晉州之下，委軍於孽臣高阿那
肱，竟啟敵人，皇不建之咎也。後主遂為周師所虜。〔註4〕

可知蛇鬥常被引為政局演變的預兆。

但是蛇類相鬥畢竟不多見，因此史書中，對此類情事會特別予以記載，
例如《南史·梁武帝本紀》說：

梁武帝中大同元年（西元535年）春正月丁未，曲阿縣建陵隧口石
辟邪起舞，有大蛇鬥隧中，其一被傷奔走。〔註5〕

《舊唐書·五行志》說：

唐玄宗開元四年（西元716年）六月，郴州馬嶺山下，有白蛇長六、
七尺，黑蛇長丈餘。兩蛇鬥，白蛇吞黑蛇，至齶處，口眼流血，黑
蛇頭穿白蛇腹出，俄而俱死。……（肅宗）至德二載（西元757年）
三月，有蛇鬥於南陽門之外，一蛇死，一蛇上城。……（文宗）開
成元年（西元836年），宮中有眾蛇相與鬥。〔註6〕

顯見蛇類亦和其他動物一樣，偶然會因某些原因而互相起衝突。

清人李慶辰《醉茶志怪》〈蛇異〉條，述及大小蛇相鬥的怪事，其打鬥的
手法非常特別，他記載說：

邑人某乘舟將之豫省，泊舟野岸，岸上有古柳陰，廣畝餘，見樹上
倒掛一大蛇，粗殆如盎，首垂垂然向下欲墮，似有牽引之者。俯視
地上，一小黑蛇長才數寸，其細如筋，昂首向上吸之以氣，大蛇便
委頓欲死，狀甚困憊。舟子以小能制大，意頗不平，欲擊以篙。邑
人急止之曰：「彼形雖微，毒必更烈，擊之不死，必受其殃，脫令大
蛇得活，我輩其何以當，不如觀之。」未幾小蛇愈吸，則大蛇愈下，
首將及地，小蛇一躍入其口，大蛇屈伸掀動，倏墜於地，掉其尾響
如鳴鞭，草木為之分折，蹶然身挺如梁而斃，旋見其腹劃然中裂，
小蛇自腹出，越隴而去，其行如飛，瞥不復見。〔註7〕

二蛇相鬥，竟然不是彼此纏繞，或互相咬噬，而是小蛇吸攝大蛇，且鑽入大
蛇體內，再破肚而出，真是怪事。

清人徐珂《清稗類鈔》動物類〈小蛇攝大蛇〉中亦提到：

〔註4〕魏徵，《隋書》，卷23，志第18，五行下。
〔註5〕李延壽，《南史》，卷7，梁本紀中第7。
〔註6〕劉昫，《舊唐書》，卷37，志第17，五行。
〔註7〕李慶辰，《醉茶志怪》，蛇異。

> 黃稼田司馬嘗爲人言，其鄉某孝廉禮闈下第，乘薄笨車，南歸。一
> 日，忽暴熱，當午歇涼，御者憩於白楊樹下，見一小蛇，長尺許，
> 竟體褐灰色，昂頭向上，樹間則蟠一大蛇，粗如盌，垂頭向下，兩
> 頭相向，見小蛇口中呼吸，大蛇爲氣所攝，漸癱軟。御者以小之制
> 大也，頗不平，急起，以足抵小蛇力踏之，小蛇負痛，掉尾鞭其足
> 背，御者固赤足著履，足頓腫。小蛇既殪，大蛇屈伸久之，始蜿蜒
> 穿樹而去。〔註8〕

此一記載，也是小蛇吸攝大蛇，幸有人從中相助，踩死小蛇，否則大蛇又將
爲小蛇所殺。但是小蛇的毒性特強，臨死前用餘力以尾擊人足背，竟使其足
腫痛，甚是厲害。

蛇類不僅同類相鬥，有時也會和其他動物發生衝突，最常見的是蛇鼠之
間的爭鬥，黃鼎《管窺輯要》說：

> 蛇與鼠鬥，有盜賊、火災。〔註9〕

明人李時珍《本草綱目》說：

> 活褥蛇能捕鼠——唐書云，貞觀中，波斯國獻之，狀同鼠，色正青，
> 能捕鼠。食蛇鼠能捕蛇——唐書云，罽賓國有食蛇鼠，尖喙赤尾，
> 能食蛇，被蛇螫者，以鼠嗅而尿之，立愈。〔註10〕

可見有些蛇鼠彼此相剋，偶然還會相鬥。《新唐書・五行志》說：

> 唐昭宗乾寧末，陝州有蛇鼠鬥于南門之內，蛇死而鼠亡去。〔註11〕

《冊府元龜》亦說：

> （後晉高祖）即位之前一年，年在乙未，鄴西有栅，……栅有橋，
> 橋下大鼠與蛇鬥，鬥及日中，蛇不勝而死。行人觀者數百，識者志
> 之，後唐末帝果滅於申。〔註12〕

此二則皆是鼠勝蛇敗的記載。但是亦有不分勝負，兩敗俱傷的時候，例如《清
稗類鈔》動物類〈蛇鼠互噬〉說：

> 溫州人蛇雜處，蛇不傷人。每居壁中，與鼠爲鄰，至冬而入蟄，鼠
> 飢則嚙蛇，而皆自尾食起，蛇雖負痛，乃略不移動。至驚蟄後，尾

〔註 8〕徐珂，《清稗類鈔》，動物類，小蛇攝大蛇。
〔註 9〕同註1。
〔註10〕李時珍，《本草綱目》，卷43，鱗部，蛇類，諸蛇。
〔註11〕歐陽修，《新唐書》，卷34，志第24，五行1。
〔註12〕王欽若，《冊府元龜》，卷21，帝王部，徵應。

已去其半矣。至此，蛇氣已伸，則追鼠而吞，鼠狂竄而叫，聲吱吱
然，人聞之，即知蟄蟲起矣。〔註13〕

據古書記載，蛇類亦曾與貓鬥，《清稗類鈔》動物類〈貓與蛇鬥〉說：

貓與蛇鬥，俗稱龍虎鬥。山陰張冶園嘗見貓蛇鬥於屋背，蛇敗，穿
瓦罅下遁，適屋下有人見之以鋤揮爲兩段，上段飛去，已而結成翻
唇肉疤，大如碟。一日，斷蛇者晝臥於牀，蛇穿其帳頂，欲下齧之，
以肉疤格攔，貓適見之，登牀猛喊，其人驚醒，見蛇，懼而避之，
幸未遭噬，人謂蛇知報冤，貓知衛主也。〔註14〕

這又是一段奇事，不僅貓蛇相鬥，且蛇被人砍成兩段，竟仍不死，復來報仇，
幸好貓即時護衛，使其主人免遭噬死。

蛇又有與蝦蟆、鳥類鬥者，如《新唐書‧五行志》記載：

（唐玄宗）先天二年（西元713年）六月，京師朝堂塼下有大蛇出，
長丈餘，有大蝦蟆如盤，而目赤如火，相與鬥，俄而蛇入于大樹，
蝦蟆入于草。蛇、蝦蟆皆陰類，朝堂出，非其所也。〔註15〕

《清稗類鈔》動物類〈蛇與烏鵲鬥〉說：

新安山中嘗見烏鵲數十，共鬥一蛇，蛇長盈丈，黃質黑斑，烏鵲或
上或下，嘩噪不已，蛇則盤屈爲一團，而張口吐舌以禦之，久之力
不支，竄草中，烏鵲猶隨而啄之。及秋燔山，蛇乃相率奔避，或不
及，則焚死，中有大如車輪者。〔註16〕

清人楊鳳徽《南皋筆記》有一則〈蛇鬥記〉更敘述了蛇類自身相鬥後，又與
大鷹相鬥的奇事，說：

辛亥夏四月，有二蛇鬥於江原之野，半日不解，觀者如堵，一蛇負
而走，一蛇蹤而上樹，望空長嘯，聲聞九霄，若自鳴得意狀。俄有
一大鷹自天至，張喙奮爪，怒目相向，蛇亦似略無懼意，挺身而鬥，
射之以毒，鷹乃飛騰天際，盤旋久之，人以爲鷹之畏蛇也，仰天而
笑之曰：「拙哉，此鷹也，鳥有翼而飛者，不能敵蜿蜒而行者乎？」
蛇似亦以爲鷹果不能敵，意少懈，而不知鷹之欲俟其懈也，視之既
熟，乘其懈，戢翼而下，喙其頸，復奮翼而上，如是者三，蛇已疲

〔註13〕徐珂，《清稗類鈔》，動物類，蛇鼠互噬。
〔註14〕書同前，貓與蛇鬥。
〔註15〕歐陽修，《新唐書》，卷40，志第26，五行3，龍蛇孽。
〔註16〕同註8，蛇與烏鵲鬥。

敝而不能支矣，負創而墜，死焉。〔註17〕

　　論述至此，我們可知蛇類在生態平衡和食物鏈上佔有相當地位，自古以來，即與許多動物相生相剋相懼，不僅人類對蛇特別敏感、畏懼，其他動物亦是常與蛇類起衝突，於是產生了許多有關蛇鬥的軼事。

　　　　　（中央日報副刊，第十七版長河版，民國七十八年三月十六日）

〔註17〕楊鳳徽，《南皋筆記》，卷3。

七、歷史中的幾場大火

　　星星之火可以燎原，火源一旦失控，形成火災，即致人命傷亡，財物燬損，因此平時尤須予以注意。

　　我國古代官民房舍多是木造或版築，屋屋緊密連接，且無完善的消防組織和設備，如發生火災，即束手無策，蔓延迅速，焚燒房屋千百，釀成大禍。

《後漢書・安帝本紀》：

　　　　東漢安帝永初二年（西元 108 年）夏四月甲寅，漢陽城中火，燒殺三千五百七十人。〔註1〕

《晉書・五行志》：

　　　　西晉懷帝永嘉四年（西元 310 年）十一月，襄陽火，燒死者三千餘人。〔註2〕

《晉書・明帝本紀》：

　　　　東晉明帝太寧元年（西元 323 年），……三月，饒安、東光、安陵三縣災，燒七千餘家，死者萬五千人。〔註3〕

《新唐書・五行志》：

　　　　唐憲宗元和二年（西元 807 年）七月，洪州火，燔民舍萬七千家。

　　　　〔註4〕

清人錢泳《履園叢話》〈漢口鎮火〉及〈南方丙丁北方壬癸〉條：

〔註1〕范曄，《後漢書》，卷5，孝安帝紀第5。
〔註2〕房玄齡，《晉書》，卷27，志第17，五行上。
〔註3〕房玄齡，《晉書》，卷6，帝紀第6，明帝。
〔註4〕歐陽修，《新唐書》，卷34，志第24，五行1。

> 清仁宗嘉慶十五年（西元 1810 年）四月十日，鎮上又失火，延燒三
> 日三夜，約計商民店戶八萬餘家，不能撲滅，凡老幼婦女躲避大屋
> 如會館、寺廟，亦皆蕩然無餘，死者枕藉。……清宣宗道光二年（西
> 元 1822 年）九月十八日，廣東省太平門外大災，焚燒一萬五千餘戶，
> 洋行十一家，以及各洋夷館與夷人貨物，約計值銀四千餘萬兩，俱
> 爲煨爐。〔註5〕

諸如此類火災巨禍，焚煨房屋成千上萬，奪走人命數以千計，不禁使我們想
到，難道當時救撲火災的組織和設備都沒有嗎？

事實上火災燒的不僅是民房，官廨也常因無法有效滅火，而被燒得損失
慘重，《宋史·五行志》有如下的記載：

> 南宋寧宗嘉泰元年（西元 1201 年）三月戊寅，行都大火，至于四月
> 辛巳，燔御史臺、司農寺、將作軍器監、進奏文思御輦院、太史局、
> 軍頭皇城司、法物庫、御廚、班直諸軍壘，延燒五萬八千九十七家，
> 城內外互十餘里，死者五十有九人，踐死者不可計。城中廬舍九煨
> 其七，百官多僦舟以居。……四年（西元 1204 年）三月丁卯，行都
> 大火，燔尚書中書省、樞密院、六部、右丞相府、制勒糧科院、親
> 兵營、修內司，延及學士院、內酒庫、內宮門廡，夜召禁旅救撲。
> 太室撤廟廡，遷神主并冊、寶于壽慈宮。翼日戊辰旦，火及和寧門
> 鴟吻，禁卒張隆飛梯斧之，門以不焚。火作時，分數道，燔二千七
> 十餘家。〔註6〕

官府機構遭遇火患，必有許多精壯兵丁前往救撲，但是限於當時救火組織與
設備均不完善的情況下，人員雖多，亦仍無法使其免於遭受焚煨。

火災不僅燒煨官舍民房，有時連水上的舟船也會遭遇火患，如《舊唐書·
五行志》：

> 唐玄宗天寶十載（西元 751 年）正月，大風，陝州運船失火，燒二
> 百一十五隻，損米一百萬石，舟人死者六百人，又燒商人船一百
> 隻。〔註7〕

《新唐書·五行志》：

〔註5〕錢泳，《履園叢話》，卷 14，祥異，漢口鎮火、南方丙丁北方壬癸。
〔註6〕脫脫，《宋史》，卷 63，志第 16，五行 2 上。
〔註7〕劉昫，《舊唐書》，卷 37，志第 17，五行。

唐代宗廣德元年（西元763年）十二月辛卯夜，鄂州大風，火發江
中，焚舟三千艘，延其岸上民居二千餘家，死者數千人。〔註8〕

清人錢泳《履園叢話》〈漢口鎮火〉條也提到：

漢口鎮爲湖北衝要之地，商賈畢集，帆檣滿江，南方一大都會也。
畢秋帆尚書鎮楚時，嘗失火燒糧船一百餘號，客商船三四千隻，火
兩日不息。〔註9〕

可見火災之起，實無所不在，人們一不留心，即易引發。連考場也有遭火焚
的記錄，明人何喬遠《名山藏》：

明英宗天順七年（西元1463年）二月，會試天下舉人，試院火，死
者九十餘，上憫之，命無物色者，有司具木瘞之朝陽門外，爲六大
塚，題曰天下英才之墓。〔註10〕

明人戴冠《濯纓亭筆記》記載同一件事，說：

天順庚辰春，闈火起，監察御史焦顯因鎖其門，不容出入，死者數
十人，焦頭爛額，折肢傷體者不可勝計。〔註11〕

這些考生經過多年的苦讀，本來欲藉以求取功名，未料被燒死於考場中，必
定很不甘心，想來也很可憐。

當嚴重的火災發生後，政府機關往往會對災民寬減稅額或給予錢糧的援
助，如《元史‧別兒怯不花傳》記載：

元順帝至正二年（西元1342年），（別兒怯不花）拜江浙行省左丞
相。行至淮東，聞杭城大火，燒官廨民廬幾盡，仰天揮涕曰：「杭，
浙省所治，吾被命出鎮，而火如此，是我不德，累杭人也。」疾馳
赴鎮，即下令錄被災者二萬三千餘戶，戶給鈔一錠，焚死者亦如
之，人給月米二斗，幼穉給其半。又請日減酒課，爲錢千二百五十
緡，織坊減元額之半，軍器、漆器權停一年，泛稅皆停。事聞，朝
廷從之。〔註12〕

可見政府對於火災的災民非常關切，有時甚至由皇帝親自下令予救濟，更多
的時候是由地方官先予賑濟，再奏報朝廷，此不失爲一變通的辦法，可以迅

〔註8〕 同註4。
〔註9〕 同註5。
〔註10〕 何喬遠，《名山藏》，卷14，典謨記
〔註11〕 戴冠，《濯纓亭筆記》，卷27。
〔註12〕 宋濂，《元史》，卷140，列傳第27，別兒怯不花。

速發揮賑災的效果。

　　賑濟災民固然重要，但是如何預防火災，以及如何救撲火災，使災情減至最低的程度，才是比較重要的事情。因為火災發生或擴大的原因，除某些特殊的因素如《晉書·五行志》提到；由賊寇放火燒屋，不能事先防範外，較多時候都是人們一時的疏忽，才使火災演變成不可收拾的局面，清人梁恭辰《池上草堂筆記》卷下，〈廣東火劫〉說：

> 清宣宗道光乙巳（二十五年，西元 1845 年）四月廿日，廣州九曜坊境演劇，搭臺于學政署前，地本窄狹，蓆棚鱗次。因子臺（看臺）內吸水菸遺火，遂爾燎原，燒斃男婦一千四百餘人，焦頭爛額，斷骨殘骸，親屬多不辨識，官為攢瘞焉。〔註13〕

此次火災，乃緣於不留心而導致。這很可以說明為何到近代，戲院一定有「禁止吸烟」的告示。

　　另外，古代民居多為竹屋或版築，少用磚牆，亦是使火災容易擴大的原因。明人沈蘭彧〈火災私誡〉，曾針對此點加以分析：

> 杭城火災，說者謂鳳山地形，繫火龍之脈，杭城犯之，故多火災，此未必然也。由居民皆編竹為壁，久則乾燥，易於發火，又有用板壁者，夫竹木皆釀火之具，而週迴無牆垣之隔，宜乎比屋延燒，勢不可止，此事理之必然，……嘗見江以北，地少林木，民居大率壘磚為之，四壁皆磚，罕被火患，間有被者，不過一家，及數家而止，其茅舍則不然，亦最易焚燎。〔註14〕

正是說明古代杭州城所以多火災的原因，係建材選擇的不恰當。明人田汝成《西湖遊覽志餘》更進一步指出：

> 杭城多火，宋時已然。其一，民居稠比，竈突連綿；其二，板壁居多，磚垣特少；其三，奉佛太盛，家作佛堂，徹夜燒燈，幡幢飄引；其四，夜飲無禁，童婢酣倦，燭爐亂拋；其五，婦女嬌惰，篝籠失檢。〔註15〕

所述各項都是容易引起火災的原因，但是平時如能多加留意、警覺，應有許多次火災是可避免的。

〔註13〕梁恭辰，《池上草堂筆記》，卷7，廣東火劫。

〔註14〕沈蘭彧，《火災私誡》，引自陳夢雷，《古今圖書集成》，曆象彙編，庶徵典，第 101 卷，火災部。

〔註15〕田汝成，《西湖遊覽志餘》，第 25 卷，委巷叢談。

古代火災既然常釀成大禍，因此對於救撲的方法，自然也會多下功夫。《宋會要輯稿·瑞異二》〈火災〉條：

> 遺漏之始，不過一炬之微，其於救滅，為力至易。火勢既發，亦不過一處，若盡力救，應亦未為難。……後之無所用其力，皆起於始之不盡力撲滅，不救，至於燎原，此古今不易之論也。〔註16〕

可見救火不力，影響至大，尤其最忌救火官兵「其持桶以取水者，姑以空桶往來，其拆屋以斷火路者，則邀索錢物以待火至，至於燒及酒庫，則又搶酒恣飲，更無紀律」。〔註17〕因此雖有救撲火災的辦法與規定，但若不能嚴格講求執行，也是枉然。明代《杭州志》，闕名〈禦火災說〉，就特別提到救火時：

> 不得生事害人，不許虛應故事，不許乘機偷搶物件，不許任意擊傷居民，有一於此，定當重處。如各兵丁盡力拆救，隨到隨滅沿（延）燒不至數家者，各兵俱有獎賞。〔註18〕

如果真能確實做到，雖謂當時設備不善，應仍可發揮效力。

救撲火災時，除須人員運用工具全力以赴外，最重要的是須有充足水源，否則空有人力，也只能望火興嘆。清代曾有人為解決此問題，而設立水倉。錢泳《履園叢話》記載：

> 揚州有余觀德者，人頗豪俠。乾隆五十九年（西元1794年）四月，新城多子街一帶，不戒於火，延燒達旦，觀德率眾撲救甚力，因創為水倉，起名甚新。其法在鬧市中距河較遠處，買地一區，前設小門，後為大院，置水缸數十百隻，貯以清水，設有不虞，水可立至，此良法也。……自余觀德創後，揚州城內隨處皆置水倉，惜其法不行於蘇、杭之間耳。〔註19〕

古代科學與建築工程均較落後，不似今日容易獲得水源，此位余氏能創設水倉，實不失為一可行的辦法。

（中央日報副刊，第十七版長河版，民國七十八年四月十九日）

〔註16〕 徐松，《宋會要輯稿》，卷1194，瑞異2之40。

〔註17〕 註同前。

〔註18〕 闕名，《杭州志》，禦火災說，引自陳夢雷，《古今圖書集成》，曆象彙編，庶徵典，第101卷，火災部。

〔註19〕 錢泳，《履園叢話》，卷23，雜記上，水倉。

八、讓中國人流了幾千年口水
——熊掌、駝峯、象鼻

　　我們中國人對於吃的研究已有悠久的歷史，從僅有酸、甜、苦、辣的味覺，發展到色、香、味、形兼具的藝術。尤其在材料方面，不論容易取得的或是稀奇珍貴的，幾乎都可將材料的價值發揮得淋漓盡致。今筆者欲介紹熊掌、駝峯、象鼻等三種古代稀奇的美食，以進一步窺深我國古代吃的文化。

　　《孟子·告子上》說：

> 魚我所欲也，熊掌亦我所欲也。二者不可得兼，舍魚而取熊掌者
> 也。〔註1〕

可見熊掌味美，至少在魚之上。宋人陸佃《埤雅》說：

> 熊……冬蟄不食，飢則自舐其掌，故其美在掌。〔註2〕

原來熊掌味美來自其口水津液的滋潤。但是並非二隻熊掌皆味美，清人徐珂《清稗類鈔》飲食類〈熊掌〉條有說：

> 其一掌以拭穢，味絕臭惡；一掌自舐之以礱面，掌得熊津液，故尤
> 爲精華所在，烹者當先擇焉。〔註3〕

因此欲烹飪熊掌，須先仔細選擇，否則會反得其臭。

　　熊掌雖然味美，但是卻不易烹飪，尤其耗時頗久。古代即有因而招來殺身之禍者，例如《春秋左氏傳》說：

〔註1〕孟子，《孟子》，告子篇上。
〔註2〕陸佃，《埤雅》，卷3，熊。
〔註3〕徐珂，《清稗類鈔》，飲食類，熊掌。

> 宣公二年，晉靈公不君，……宰夫腼熊蹯不熟，殺之。〔註4〕

大概是熊掌此物得來不易，主人迫切欲一嚐美食，不料庖者未予弄熟，故其主人氣極而殺之。同書又提到：

> 初，楚子將以商臣爲太子，……既又欲立王子職，而黜太子商臣，
> 商臣……以宮甲圍成王，王請食熊蹯而死，弗聽。〔註5〕

成王因知熊掌不易煮熟，因此在臨死之前提出想吃熊掌的請求，一來可以苟延生命一兩天，且也可嚐嚐熊掌的珍奇美味，不幸被拒絕，只好自縊而死。

雖然烹飪熊掌困難費時，但是我國古代並不乏處理它的辦法，例如《清稗類鈔》說：

> 須以泥封固，入火炙酥，然後敲去之，則皮毛皆隨泥脫落。白肉紅
> 絲，腴美無比，或用石灰沸湯剝淨，布纏煮熟而食，或糟之則尤
> 佳。〔註6〕

此段話告訴我們至少有三種烹飪熊掌的方法。即如欲予以炙酥，可用泥土密封，等炙酥後，敲去泥土，皮毛可隨泥脫落，而食其肉。另一法爲蒸燉法，處理過程較麻煩，尤其熊掌爲乾貨，須先經過「發」的手續，一般有水發、鹽發、油發、鹼發四種，而熊掌則須用石灰來發，因爲據說如非用石灰水泡製，熊掌上的毛，不易連根剔除，且如沒有發透，難以燉熟。因此發熊掌這道手續相當重要，其方法是先置石灰於地坑中，放入熊掌後，復以石灰掩蓋，然後慢慢加水，使石灰沸滾，等石灰水息冷後，再取出熊掌去毛洗淨，浸入米泔水中一兩天。接下來是蒸，即用素布包纏置於籠中蒸。蒸是我國最早最好的發明，蒸熊掌時，蓋子須蓋緊，使水蒸氣的熱力不致散失。最後是燉，關於此，《清稗類鈔》記載說：

> 或見陳春暉邦彥故第牆外，有磚砌酒筩，高四、五尺，上口僅容一
> 碗，云是當日製熊掌處，以掌入碗，封固置口上，其下燃燭一枝，
> 以微火熏一晝夜，湯汁不耗，而掌已化矣。光宣間，有張金坡者，
> 名錫鑾，官奉天有年，其庖人治此甚精，飫之者且謂口作三日香
> 也。〔註7〕

依此法看來，實在費事，但是能滿足口福，且留香於口長達三天，也算是值

〔註4〕左丘明，《春秋左氏傳》，宣公二年。
〔註5〕左丘明，《春秋左氏傳》，文公元年。
〔註6〕同註3。
〔註7〕同註3。

得了。當然在今天，用陶瓷燉鍋，以文火徐徐燉透，應當也可保留其美味。其實想嚐到燉熊掌的美味，也不必這麼下功夫，據今人高陽先生撰《古今食事》稱，上述的方法：

> 嚴格地說只是煨，另一法才是地地道道的燉，燉時宜加豬肉，熊掌先須撕成條。燉好之後，肉味特鮮，所以不妨留掌吃肉；下次燉肉，仍加熊掌伴煮。據說久留不壞，可與豬肉同煮十餘次之多，而熊掌仍舊可食。〔註8〕

至於如何「糟」法，是否和用糟酒來烹調魚、肉一樣，因筆者欠缺資料，尚待請教專家。

駱駝出於本能，會將脂肪貯存於駝峯，俟缺少食物時，即可用來補充營養。但是駝峯自古以來，在中國卻被人們列為美食珍品。其味道如何呢？唐人杜甫〈麗人行〉說：

> 紫駝之峯出翠金，水精之盤行素鱗。〔註9〕

顯然駝峯的味道應是不錯。宋人周密《癸辛雜識》亦說：

> 駝峯之雋，列於八珍，然駝之壯者，兩峯堅聳，其味甘脆如熊白奶房而尤勝。若駝之老者，兩峯偏軃，其味淡韌如嚼敗絮。〔註10〕

可見如能選得壯碩的駝峯，予以巧妙的烹飪，當可享享口福。

《元史·鐵哥傳》錄有一段割駝峯而差點被刑殺的事例，說：

> 鐵哥……從獵百杳兒之地，獵人亦不刺金射兔，誤中名駝，駝死，帝怒，命誅之。鐵哥曰：「殺人償畜，刑太重。」帝驚曰：「誤耶，史官必書，亟釋之。」……牧人有盜割駝峯者，將誅之，鐵哥曰：「生割駝峯，誠忍人也。然殺之，恐乖陛下仁恕心。」詔皆免死。〔註11〕

牧人為何會去割駝峯呢？可能也是垂涎於其美味吧？另外，明人葉盛《水東日記》也有一段論及駝峯美味的記載，說：

> 呂尚書震與學士解公縉一日談及食中美味，呂曰：「駝峯珍美，震未之識也。」解云：「僕嘗食之，誠美矣。」呂公知其誑己。他日從光祿得死象蹄脛，語解曰：「昨有駝峯之賜，宜共饗焉。」解因大嚼去，呂寄以詩曰：「翰林有個解饞哥，光祿可曾宰駱駝，不是呂生來說謊，

〔註8〕 高陽，《古今食事》，天子腳下。
〔註9〕 杜甫，〈麗人行〉，《全唐詩》，卷216。
〔註10〕 周密，《癸辛雜識》，續集卷上，駝峯。
〔註11〕 宋濂，《元史》，卷125，列傳第12，鐵哥。

如何嚼得這般多。」〔註12〕

這段趣事說明了駝峯的美味足以令人嚮往。

　　至於如何烹飪駝峯？唐人段成式《酉陽雜俎》說：

　　　　將軍曲良翰能爲駝峯炙甚美。〔註13〕

可見駝峯是炙烤來吃的。

　　象肉的味道既特殊又多變，因此《淮南子》〈說林〉稱：

　　　　象肉之味，不知於口。〔註14〕

宋人劉跂《暇日記》亦說：

　　　　象肉理段段不相屬，味各不同，舊說象肉千味，其然邪。〔註15〕

但是無可否認者，象鼻炙確是味美絕作，據宋人羅願《爾雅翼》說：

　　　　象身有百獸肉，皆自有分段，惟鼻是其本肉，鼻肉爲炙，肥脆少類

　　　　豬而含滑。〔註16〕

可知象鼻炙的味美猶在豬肉之上。因而也成爲人們捕食的對象，唐人段公路
《北戶錄》〈象鼻炙〉條說：

　　　　廣之屬城循州、雷州，皆產黑象，牙小而紅，……土人捕之爭食，

　　　　其鼻云肥脆，偏堪爲炙，……唯鼻是其本肉，諸即雜肉。〔註17〕

　　象鼻炙固然味道甚美，但是畢竟得之不易，因此有人以他物伴裝象鼻。
名食家唐魯孫先生撰《故園情》，有一篇紅燒象鼻子的秘密，提到有人將豬大
腸腸頭最肥厚一段切下，用粗繩一道一道紮成象鼻的橫紋，浸在滷水中三天，
然後用重油濃料將成形的腸頭紅燒，消除臟氣。食者多無法辨識其爲腸頭，
而非象鼻，其唬人功夫眞有一套。〔註18〕

　　　　　（中央日報副刊，第十七版長河版，民國七十八年五月四日）

〔註12〕葉盛，《水東日記》，卷15。

〔註13〕段成式，《酉陽雜俎》，卷7。

〔註14〕劉安，《淮南子》，〈說林〉，卷17。

〔註15〕劉跂，《暇日記》，收錄於陶宗儀，《說郛》，卷第4。

〔註16〕羅願，《爾雅翼》，卷78。

〔註17〕段公路，《北戶錄》，卷2，象鼻炙。

〔註18〕唐魯孫，《故園情》，紅燒象鼻子的秘密。

九、投河、賣子、民相食
——中國古代的饑荒慘象

　　自古以來，我國以農立國，遇有天災，農作物歉收，即形成饑荒。《春秋穀梁傳》說：

> 一穀不升謂之嗛；二穀不升謂之饑；三穀不升謂之饉；四穀不升謂
> 之荒；五穀不升謂之大侵。〔註1〕

《墨子》則說：

> 一穀不收謂之饉；二穀不收謂之旱；三穀不收謂之凶；四穀不收謂
> 之饋；五穀不收謂之饑。〔註2〕

以上二書對於饑荒的程度，雖然有不同的形容，但是由此可知，在我國古代，先民們早已對饑荒有深切的體認。

　　饑荒常隨著水、旱災而發生，百姓於無法得食的情形下，生命遭受威脅，只好吃野生動、植物，以求活命。《舊唐書‧德宗本紀》說：

> 唐德宗貞元元年（西元785年），關東大饑，……關中饑民蒸蝗蟲而
> 食之。〔註3〕

《遼史‧天祚帝本紀》說：

> 遼天祚帝天慶八年（西元1118年）十二月，時山前諸路大饑，……
> 民削榆皮食之，……。〔註4〕

〔註1〕穀梁赤，《春秋穀梁傳》，卷1。
〔註2〕墨子，《墨子》，卷1，七患。
〔註3〕劉昫，《舊唐書》，卷12，本紀第12，德宗上。
〔註4〕脫脫，《遼史》，卷28，本紀第28，天祚帝。

《宋史・五行志》說：

> 南宋高宗建炎元年（西元 1127 年），汴京大饑，米升錢三百，一鼠直數百錢，人食水藻、椿槐葉。……紹興五年（西元 1135 年）夏，潼川路饑，米斗二千，人食糟糠。〔註5〕

進食此類東西，如可因而延續生命，則尚稱幸運。因為實際上饑荒的情況常不止於此，往往迅速惡化，且連續半載經年之久，使饑民因饑餓而死者日有所聞。《宋史・五行志》說：

> 南宋寧宗嘉泰四年（西元 1204 年）春，撫袁州、隆興府、臨江軍大饑，殍死者不可勝瘞，有舉家二十七人同赴水死者。〔註6〕

《明憲宗實錄》說：

> 明憲宗成化二十年（西元 1484 年）九月，巡撫左僉都御史葉淇奏，山西連年災傷，平陽一府逃移者五萬八千七百餘戶，內安邑、猗氏兩縣餓死男婦六千七百餘口，蒲鮮等州、臨晉等縣餓莩盈途，不可數計，父棄其子，夫賣其妻，甚至有全家聚哭，投河而死者，棄其子女於市井而逃者。〔註7〕

可知饑荒所造成的災情相當嚴重，不僅因餓死者眾多，埋不勝埋，且也迫使百姓遷移他鄉，尋求糧食，或父子、夫妻無以相保，只好忍心予以棄賣，甚而舉家投河自盡。

我國歷代主政者面對類似上述的饑荒景象，大多能持著「民有饑，若己饑之」的態度，開倉施粥救濟，以紓民困。例如《北史・魏高祖本紀》說：

> 北魏高祖太和七年（西元 483 年）三月甲戌，以冀、定二州饑，詔郡縣為粥於路以食之。〔註8〕

《元史・世祖本紀》說：

> 元世祖至元五年（西元 1268 年），益都路饑，以米三十一萬八千石賑之。〔註9〕

《明太宗實錄》說：

> 明成祖永樂十三年（西元 1415 年）八月，賑山東、河南、北京、順

〔註5〕脫脫，《宋史》，卷67，志第20，五行5。

〔註6〕註同前。

〔註7〕《明憲宗實錄》，卷256。

〔註8〕李延壽，《北史》，魏書卷7上，高祖紀第7上。

〔註9〕宋濂，《元史》，卷8，本紀第6，世組3。

天等府飢民，山東東昌……等府，民萬六千四百六十餘户，給粟三萬八千九百六十餘石，河南南陽……等府，民五萬七千六百七十餘户，給粟十三萬八千四百九十餘石，……。〔註10〕

可見政府頗爲關懷百姓的困境，大量賑予米粟。但是此種救濟，也常因人事不濟，虛報數目，而使政府的恩澤未能確實廣施於饑民身上。甚至在施粥賑濟時，因管理不善，反而加速饑民的死亡。《文獻通考》說：

宋仁宗慶曆八年（西元1048年），……饑民聚爲疾疫，及相蹈藉死，或待次數日不食，得粥皆僵仆，名爲救人，而實殺之。〔註11〕

《宋史・五行志》說：

南宋孝宗淳熙十年（西元1183年），合、昌州荐饑，民就賑相蹂死者三十餘人。〔註12〕

此皆因開倉施粥賑米，未予妥善安排，以致饑民互相爭食，彼此擠壓踐踏而死的記載。

另外，有時施粥者未能勸導饑民在久饑之後，胃腸枯細，千萬勿驟食過飽，或食熱粥時，應徐徐而食，免得反受其害。清初倪國璉《康濟錄》即提到：

（明思宗）崇禎庚辰年（十三年，西元1640年），浙江海寧縣雙忠廟賑粥，人食熱粥，方畢即死，每日午後，必埋數十人。〔註13〕

饑民忍受饑餓，終於遇到有人施粥，本以爲可以因而得救，怎知熱粥進食下肚後，竟反速得死，眞是死得不甘心。也顯見政府的饑荒賑濟工作，有時未必完全落實，使其救濟的成效降低許多，以致仍有眾多的饑民未能分享政府的恩澤，於是在饑餓煎逼之下，走投無路，乃鋌而走險，搶劫官糧，如清人葉夢珠《閱世編》說：

清聖祖康熙十八年（西元1679年）己未正月，山東、河南、江南北大饑，朝廷遣官分道賑濟。……然人食草根、剝樹皮，千百成群要奪官糧，當事者憂之。〔註14〕

可見政府雖在饑荒地區，派官前往賑濟，但是饑民們仍須食草根、啃樹皮方

〔註10〕《明太宗實錄》，卷167。
〔註11〕馬端臨，《文獻通考》，卷26。
〔註12〕同註5。
〔註13〕倪國璉，《康濟錄》，卷4下之2。
〔註14〕葉夢珠，《閱世編》，卷1，災祥。

能活命，當然不得不違抗禁令，劫奪官糧。

其實在長達數月半載的饑荒中，不管饑民獲得施粥，或敢去劫走官糧，均屬幸運，因爲仍有許多饑民根本沒有得到賑濟，也不敢去做奸犯法，因此只好坐以待斃，最後終難逃死亡的厄運，使歷代歷次的饑荒，餓死者常數以千計。《漢書‧武帝本紀》說：

> 漢武帝元鼎二年（西元前 115 年）夏，大水，關東餓死者以千數。
> 〔註15〕

《後漢書‧桓帝本紀》說：

> 東漢桓帝延熹九年（西元 166 年），司隸、豫州饑，死者什四、五，至有滅戶者。〔註16〕

《魏書‧世宗本紀》說：

> 北魏世宗景明二年（西元 501 年）三月，青、齊、徐、兗四州大饑，民死者萬餘口。明年，河州大饑，死者二千餘口。……延昌二年（西元 513 年）春，民饑，餓死者數萬口。〔註17〕

《宋史‧五行志》說：

> 南宋寧宗嘉定十年（西元 1217 年），台、衢、婺、饒、信州饑，……殍死殆萬人。〔註18〕

可知在饑荒的肆虐下，不僅饑民餓死者眾多，且有全家餓斃，而遭滅戶者。

饑荒時食物斷絕，饑民生命無得保障，其情景尤爲悽慘，明人楊東明在〈饑民圖說疏〉中有詳細的描述：

> ……夫妻不能相顧，割愛離分。母子不能兩全，絕裾拋棄。老羸方行而輒仆，頃刻身亡。弱嬰在抱而忽遺，伶仃待斃。……投河者葬身魚腹，自縊者棄命園林。凡此皆臣居鄉時，聞且見者也。迨至今日，更不忍言，斷草菜以聊生，刮樹皮以充腹，枯容黧面，人人俱是鬼形。恨天怨地，個個求歸陰路。向焉猶賣兒女，今則割兒女之屍體；昔也但棄親身，今則食亡親之骨肉。〔註19〕

〔註15〕班固，《漢書》，卷 6，武帝紀第 6。

〔註16〕范曄，《後漢書》，卷 7，孝桓帝紀第 7。

〔註17〕魏收，《魏書》，卷 8，世宗紀第 8。

〔註18〕同註 5。

〔註19〕楊東明，〈饑民圖說疏〉，引自陳夢雷，《古今圖書集成》，曆象彙編，庶徵典，第 112 卷，豐歉部。

另外，明人楊爵〈請弭災變以安黎庶奏〉也述及嘉靖年間，華北一帶的饑荒情形，說：

> 南北直隸、河南、山西、陝西等處地方，當禾苗成熟之日，蝗蝻盛生，彌空蔽日，積於地者至三、四寸厚，將禾根食之皆盡。居民往往率婦子將蝗蝻所食禾苗痛哭收割，以爲草芻之用。其他蝗蝻稍少之地，禾苗食有未盡者，頗有秋成之望矣。未及成熟，嚴霜大降，一時盡皆枯槁。遭此災變，民失依倚。去年冬月，民所資以爲食者，皆其先時所捕曬之蝗蝻與木葉、木皮等物。……又見行者往往割死者之肉，即道傍烹食之。又聞有父子相食者。〔註20〕

細讀此二段引文，再遙想及當時饑民們骨肉相殘、屍骸盈途等慘絕人寰的景象，不禁令人徒嘆人生的無奈。

關於我國古代饑荒的慘象，對今日生活於富裕繁榮的人們，是難以想像的。當時有許多文人在耳聞目睹、憐憫哀嘆之餘，將其撰成詩歌流傳下來，使我們仍能略知一、二。例如宋代李思衍〈鬻孫謠〉說：

> 白頭老翁髮垂領，牽孫與客摩孫頂。翁年八十死無恤，憐汝童年困饑饉。去年雖旱猶禾熟，今年飛霜先殺菽。去年饑饉猶一粥，今年饑饉無餘粟。客謝老翁將孫去，淚下如絲不能語。零丁老病惟一身，獨臥茅檐夜深雨。夢回猶是怳呼孫，縣吏催租更打門。〔註21〕

這位老翁鬻賣其孫，固然骨肉因而分離，但是至少二者猶可活命，因此忍心賣予別人，惟仍不能忘情，竟於午夜夢迴時，仍呼喚其孫。然而此種遭遇，尚屬幸運。最悽慘者，莫過於饑民的相食，明人張明弼見山東饑荒，撰〈人啖人歌〉說：

> ……野草無根木無殼，煮石作糜石難鑿。五日不食頤空嚼，饑兒語父，饑媳語姑，我死他人定我剮，餘骨烏鴉相歡噱，他人何親，父姑何疏，願以吾肉存爾軀，所嗟餒久徒存膚，不能充爾三日餔，父姑若念我，願將殘骨沈溝渠，勿令磨碎供夕餬。〔註22〕

此歌道盡饑民被饑餓所逼，以致骨肉相食而又無可奈何的心聲，也談及當時人肉被吃的情形。

〔註20〕楊爵，〈請弭災變以安黎庶奏〉，收錄於《御選明臣奏議》，卷22。

〔註21〕李思衍，〈鬻孫謠〉，收錄於《元風雅》後集，卷1。

〔註22〕張明弼，〈人啖人歌〉，引自陳夢雷，《古今圖書集成》，曆象彙編，庶徵典，第112卷，豐歉部。

明人何喬新在〈山西大饑人相食哀歎之餘謾成一律〉說：

> 春風不入野人家，白骨如丘事可嗟。小甕滿儲彭越醢，輕車穩載德
> 光粑。頭顱無復歸黃壤，腥腐猶能飽暮鴉。立馬郵亭倍惆悵，幾行
> 老淚洒煙霞。〔註23〕

明人范弘嗣〈憫荒〉詩則說：

> 道旁山積是枯骸，鎮日烏啼瘦似柴。西伯于今難再得，髑髏滿地少
> 人埋。爺娘子婦競相吞，齒頰餘腥帶血痕。天道于今真大變，坐令
> 梟獍出家門。〔註24〕

此為饑荒時饑民相食的悲慘與殘酷景象，可見人們在饑荒中，為求活命，不僅喪失了人性，連獸性也顯露無遺。清人陳康祺《郎潛紀聞》有〈人肉價值〉一則，提到：

> （清文宗）同治三、四年（西元 1864、1865 年），皖南到處食人，
> 人肉始賣三十文一斤，後增至一百二十文一斤，句容、二溧八十文
> 一斤，慘矣。〔註25〕

這些人肉的來源，必定是擄掠而來，因其一則可以解饑，另則可以賺錢。因此泯滅良心，做此勾當者，大有人在，使人人自危，不敢單獨出門。清人董含《三岡識略》〈山左饑荒〉即記載：

> 自春屆夏，東郡大荒，人相食，草根木葉一時俱盡。行旅皆結隊而
> 過，如單行或三、四人作伴，甫出門即被啖。〔註26〕

幾乎已成為恐怖世界了。

清人王逋《蚓庵瑣語》述及明末的饑荒，更令人有此感覺，其說：

> （明思宗）崇禎十五、十六年（西元 1642、1643 年），經年亢旱，
> 樹皮草根剝掘殆盡，有饑民于西城上剮人肉以充食。市人潛有以人
> 肉裹麵包為市者，或醃之偽為騾馬肉。有數人於城下縛一生人殺而
> 食之；又有一婦人日誘街市放棄小兒，假名收養，引歸殺食。時聞
> 山東一帶，民間公然開肆屠賣人肉，每觔價八分，名曰米肉，恬不
> 為怪。過往客商非數百成群，必為饑民攫食。體若肥胖，非節食數

〔註23〕何喬遠，《椒邱文集》，卷24，山西大饑人相食哀歎之餘謾成一律。
〔註24〕范弘嗣，〈憫荒〉，引自陳夢雷，《古今圖書集成》，曆象彙編，庶徵典，第112
卷，豐歉部。
〔註25〕陳康祺，《郎潛紀聞》，卷13。
〔註26〕董含，《三岡識略》，卷8，山左饑荒。

旬,俟其骨立,則不易過。余里有人爲漕艘水手,回遇山東市,逢
土民牽妻出賣,止索價銀三錢,回舟持銀稍遲,至則此婦已賣與
屠肆,宰而登之几矣。水手遂別買一婦而歸,其婦云,彼鄉有一民
家幼女,嫁與鄰人爲童媳,女體肥,翁姑欲殺而食,女知遁歸,述
其故,父視女曰:「有此肥兒,焉可與別人充饑耶?」乃自烹而食
之。〔註27〕

綜上所述,可知在我國古代,饑荒所加諸於先民身上,是如此的殘酷,
而反觀生活於今日的我們,實在更應珍惜。

（中央日報副刊,第十七版長河版,民國七十八年五月九日）

〔註27〕 王逋,《蚓庵瑣語》。

一○、一間「混堂」要洗多少「臭皮囊」？──中國古代洗澡軼事

　　洗澡在中國古代稱爲沐浴，沐字是指洗頭髮，浴字是指洗身體，而且有時被認爲是一件很隆重的事，因爲古人在祭祀之前，必須齋戒、沐浴，儘量以虔誠的心意和潔淨的身體來面對神明。《大唐開元禮》即提到：

　　　　大祀、中祀、接神、齋官祀，前一日皆沐浴。〔註1〕

但是今天本文要談的是指平常的洗澡，與齋戒、祭祀無關。

　　一般說來，在古代我們中國人是不常洗澡的，這可能與氣候、水源、貧富、生活習性有關，甚至於也有人認爲洗澡會損傷元氣，清人李漁《閒情偶寄》說：

　　　　自嚴冬避冷，不宜頻浴外，凡遇春溫秋爽，皆可藉此爲樂。而養生
　　　　之家，則往往忌之，謂其損耗元氣也。〔註2〕

因此養生專家們，提出了許多有關沐浴時應該注意的事項。例如明人沈仕《攝生要錄》說：

　　　　書云，新沐髮勿令當風，勿濕縈髻、勿濕頭臥，令人頭風、眩悶及
　　　　生白屑、髮禿、面黑、齒痛、耳聾。炊湯經宿洗體成癬，洗面無光，
　　　　作皰哇瘡。閱覽云，目疾切忌浴，令人目盲。〔註3〕

另外，明人周履靖《益齡單》也談到：

　　　　沐宜甲子日，沐宜朔旦，浴宜月晦，沐浴宜密室，夏月不可冷水沐

〔註1〕蕭嵩，《大唐開元禮》，卷3，齋戒。
〔註2〕李漁，《閒情偶寄》，卷15，沐浴。
〔註3〕沈仕，《攝生要錄》，洗沐。

頭（頭風），夜沐不食則臥（心虛、盜汗、多夢驚），沐訖進少飲食，勿飽浴，勿頻浴（頻浴氣壅於腦上，滯於中，令人形體疲倦，脈絡不通暢），沐後勿縈濕髻臥（髮濕則頭風、眩悶），勿饑浴，浴後勿飲水，乾浴治風勞、冷氣、腰背拘攣（乾浴者令人端坐，以兩手按腰左右，紐肩數十次）。〔註4〕

這些說法雖然有部分不合道理，但是可能都由來已久，因為早在東漢王充《論衡》〈譏日篇〉即稱挑選日子才來洗頭，實為無稽之談，他說：

沐書曰：子日沐，令人愛之；卯日沐，令人白頭。夫人之所愛憎，在容貌之好醜；頭髮白黑，在年歲之稚老。使醜如嫫母。以子日沐，能得愛乎？使十五女子以卯日沐，能白髮乎？且沐者，去首垢也，洗去足垢，盥去手垢，浴去身垢，皆去一形之垢，其實等也，洗盥浴不擇日，而沐獨有日。如以首最尊，尊則浴亦治面，面亦首也；如以髮為最尊，則櫛亦宜擇日，櫛用木，沐用水，水與木，俱五行也，用木不避忌，用水獨擇日。〔註5〕

為了養生，而對洗澡有那麼多的限制，實在沒有必要，因為洗澡本是一件很令人舒服的事。唐人呂溫〈河中城南姚家浴後題贈主人〉說：

新浴振輕衣，滿堂寒月色。主人有美酒，況是曾相識。〔註6〕

在有月亮的晚上，於友人家浴後，穿著輕便的衣服，與友人共飲美酒，其心情當然舒暢無比。唐人白居易〈新沐浴〉也談到沐浴後飲酒的樂趣，他說：

形適外無羔，心恬內無憂。夜來新沐浴，肌髮舒且柔。寬裁夾烏帽，厚絮長白裘。裘溫裹我足，帽暖覆我頭。先進酒一杯，次舉粥一甌。半酣半飽時，四體春悠悠。〔註7〕

另外，白居易也有過晚上在寺廟附近池潭洗澡的經驗，例如〈香山寺石樓潭夜浴〉說：

炎光畫方熾，暑氣宵彌毒。搖扇風甚微，褰裳汗霢霂。起向月下行，來就潭中浴。平石為浴牀，窪石為浴斛。絺巾薄露頂，草屨輕乘足。清涼詠而歸，歸上石樓宿。〔註8〕

〔註4〕周履靖，《益齡單》，淋浴。
〔註5〕王充，《論衡》，卷第24，譏日篇第70。
〔註6〕呂溫，〈河中城南姚家浴後題贈主人〉，《呂和叔文集》，卷1。
〔註7〕白居易，〈新沐浴〉，《白香山詩後集》4。
〔註8〕白居易，〈香山寺石樓潭夜浴〉，《白香山詩後集》2。

在炎熱的夏夜，雖然搖扇驅暑，但是仍然流汗，只好到池潭中洗澡，以石頭為浴床、浴斛，然後帶著清涼就寢，不失為人生一大享受。

可是在中國古代，人們確實是不常洗澡的，白居易〈沐浴〉說：

> 經年不沐浴，塵垢滿肌膚。今朝一澡濯，衰瘦頗有餘。老色頭鬢白，
> 病形支體虛。衣寬有剩帶，髮少不勝梳。自問今年幾，春秋四十初。
> 四十已如此，七十復何如。〔註9〕

白居易大概是太久沒有洗澡了，如今脫光衣服洗澡，看看自己逐漸衰老的身體，想到四十歲已是如此光景，到七十歲又會是如何呢？不禁感嘆起來。而在宋代，主持熙寧變法的王安石也是一位不常洗澡的人，宋人葉夢得《石林燕語》說：

> 王荊公（王安石）性不善緣飾，經歲不洗沐，衣服雖弊亦不浣濯。
> 與吳冲卿同為群牧判官，時韓持國在館中，三數人尤厚善，無日不
> 過從。因相約每一兩月即相率洗沐。〔註10〕

王安石經年不洗沐，幸好有友人相約每一兩個月洗一次，否則不知更待何時了。由於王安石不常洗沐，因此沈括《夢溪筆談》記有一則趣事，說：

> 王荊公面黧黑，門人憂之，以問醫。醫曰：「此垢汙，非疾也。」進
> 澡豆令公頮面，公曰：「天生黑於予，澡豆其如予何？」〔註11〕

可見王安石確實是個經年不洗沐的人，以致於黑垢滿面，醫生給予澡豆，要其洗臉，竟然也不接受。當然也有人深愛洗澡的，例如《宋史·蒲宗孟傳》說：

> 宗孟……性侈汰，常日盥潔，有小洗面、大洗面，小濯足，大濯足，
> 小大澡浴之別，每用婢子數人，一浴至湯五斛。〔註12〕

像這種人似乎又洗澡洗得太過份了。

在中國古代一般百姓無能力建造浴室，也不可能經常用炭火來燒水，因此只好到澡堂去洗澡，可是在公共澡堂中，三教九流及有病無病的均可來洗，使澡池的水髒得令人不敢領教。明人郎瑛《七修類稿》有〈混堂〉一則，描述杭州的澡堂，說：

> 混堂，天下有之，杭最下焉。……吳俗，甃大石為池，穹幕以磚，

〔註9〕 白居易，〈沐浴〉，《白香山詩長慶集》10。
〔註10〕 葉夢得，《石林燕語》，卷10。
〔註11〕 沈括，《夢溪筆談》，卷9。
〔註12〕 脫脫，《宋史》，卷328，列傳第87，蒲宗孟。

後爲巨釜，令與池通；轆轤引水，穴壁而貯焉；一人專執爨，池水相吞，遂成沸湯，名曰「混堂」，榜其門則曰「香水」。男子被不潔者、膚垢膩者、負販屠沽者、瘍者、疕者，納一錢於主人，皆得入澡焉。旦及暮，袒裼裸裎而來者，不可勝計。苟蹴之，則泥滓可掬；嗅其體，穢氣不可聞。爲士者每亦浴之，彼豈不知其汙耶？迷於其稱耶？習於俗而不之怪耶？抑被不潔者、膚垢膩者、負販屠沽者、瘍者、疕者果不相浼耶？目不見、鼻不聞耶？嗚呼，趨其熱而已也。使去薪沃釜，與溝瀆之水何殊焉？人孰趨之哉？人孰趨之哉？〔註13〕

可見在此種澡堂洗澡，不僅無法洗淨身體，甚至於有可能被傳染疾病。

因此在古代，君王富貴人家都自建洗澡的設備，而且極盡豪華。例如明人陳繼儒《辟寒部》提到唐玄宗華清宮中的浴池，說：

天寶六載（西元 747 年），更溫泉曰華清宮湯，治井爲池，環山列宮室，上於華清新廣一池，制度宏麗。祿山於范陽以玉魚、龍、鳧、雁、石梁、石蓮花以獻，雕鐫尤妙。上大悅，命陳於湯中，仍以石梁橫於其上，而蓮花纔出於水際，上因幸解衣將入，而魚、龍、鳧、雁皆奮鱗舉翼，狀若飛動，上因恐，卻之，蓮花石至今在。〔註14〕

其實君王所使用的浴池，並不純粹用於洗澡，反而常是其與后妃嬉戲的場所，前秦王嘉《拾遺記》說：

石虎……爲四時浴室，用鈺石、珷玞爲堤岸，或以琥珀爲缾杓。夏則引渠水以爲池，池中皆以紗縠爲囊，盛百雜香漬於水中。嚴冰之時，作銅屈龍數千枚，各重數十斤，燒如火色，投於水中，則池水恒溫，名曰燋龍溫池。引鳳文錦步障縈蔽浴所，共宮人寵嬖者解褻服宴戲，彌於日夜，名曰清嬉浴室，浴罷洩水於宮外，水流之所，名溫香渠，渠外之人爭來汲取，得升合以歸，其家人莫不怡悅。至石氏破滅，燋龍猶在鄴城，池今夷塞矣。〔註15〕

後周王仁裕《開元天寶遺事》〈長湯十六所〉、〈錦鴈〉說：

華清宮中除供奉兩湯外，而別更有長湯十六所，嬪御之類浴焉。

〔註13〕郎瑛，《七修類稿》，卷16，義理類，混堂。
〔註14〕陳繼儒，《辟寒部》，卷2。
〔註15〕王嘉，《拾遺記》，卷9。

奉御湯中，以文瑤密石，中央有玉蓮湯，泉湧以成池，又縫錦繡爲
鳬雁於水中。帝與貴妃施鈒鏤小舟戲翫於其間，宮中退水出於金溝，
其中珠纓寶絡流出街渠，貧民日有所得焉。〔註16〕

元人陶宗儀《元氏掖庭記》亦說：

順帝……每遇上巳日，令諸嬪妃袚于內園迎祥亭漾碧池，……池之
傍一潭曰香泉潭。至此日則積香水，以注于池，池中又置溫玉狻猊、
白晶鹿、紅石馬等物。嬪妃浴澡之餘，則騎以爲戲，或執蘭蕙，或
擊球筑，謂之水上迎祥之樂。〔註17〕

由此三則引文看來，我們可知古代君王的澡池確實建造得相當富麗堂皇，常
常成爲其洗澡之餘，嬉戲其中的地方，尤其是提到百姓爭取其洗澡水，及撿
拾遺落的珠寶，更說明君王的生活和百姓眞有天壤之別。最後筆者再引一段
爭取洗澡水的趣事，元人伊世珍《瑯嬛記》說：

西施舉體有異香，每沐浴竟，宮人爭取其水，積之甖瓮，用松枝灑
于帷幄，滿室俱香。〔註18〕

似乎這種洗水更值得珍惜了。

（中央日報副刊，第十七版長河版，民國七十八年六月十五日）

〔註16〕王仁裕，《開元天寶遺事》下，長湯十六所、錦鴈。
〔註17〕陶宗儀，《元氏掖庭記》。
〔註18〕伊世珍，《瑯嬛記》，卷中。

一一、古人如何防治長白髮

　　我們中國人頭髮是黑色的，因此頭髮如逐漸花白、斑白或純白，即很醒目惹眼，總想能將它染黑或拔除，以表示自己仍然年輕。這種心態對古今的人們來說，都是一樣的。

　　會長出白頭髮，並不是老年人才有的現象，有些人在壯年，甚至於少年時即有白髮。據宋人洪邁《容齋隨筆》、許觀《東齋記事》、元人陶宗儀《輟耕錄》各書，稱此種少年白為「蒜髮」或「算髮」，而稱黑白相雜為「宣髮」，但是一般人則稱為「二毛」，例如宋人闕名《釋常談》說：

　　　髮半白謂之二毛。〔註1〕

　　一旦長了白髮，實在一件無可奈何的事，因為它難以防患，也難以根治，而且它代表年老的象徵，因此有許多人面對白髮，產生無限的感慨。例如唐代詩人白居易對此感觸相當深刻，寫了好幾首有關白髮的詩，在〈初見白髮〉詩中，他說：

　　　白髮生一莖，朝來明鏡裏。勿言一莖少，滿頭從此始。青山方遠別，
　　　黃綬初從仕，未料容鬢間，蹉跎忽如此。〔註2〕

剛長出一根白髮，白居易即注意到了，也擔心著滿頭白髮就此開始，可是功名利祿的事業正待展開，怎能不感嘆呢？明人陳繼儒《珍珠船》提到：

　　　李林甫壻鄭平為省郎，林甫見其鬢髮斑白，因曰：「上明日當賜甘露
　　　羹，鄭郎食之能烏髮。」翌日食之，一夕而鬢如漆。〔註3〕

〔註1〕　闕名，《釋常談》，卷下，三毛。
〔註2〕　白居易，〈初見白髮〉，《白香山詩長慶集》，卷9。
〔註3〕　陳繼儒，《珍珠船》，卷4。

不知此羹的材料如何，竟有如此神妙的藥效。

但是一般人都是把白髮染黑或拿鑷子予以拔除，宋人李石《續博物志》說：

> 白髮鬚鑷去，消蠟點孔中，即生黑者。〔註4〕

唐人馮贄《雲仙雜記》則記載：

> 王僧虔晚年惡白髮，一日對客，左右進銅鑷，僧虔曰：「卻老先生至矣，庶幾乎？」〔註5〕

可見古人常拿鑷子來拔除白髮。另外，晉人左思在〈白髮賦〉中，也曾很有趣的提到其準備拔除白髮，而與白髮的一段對話。茲將原文節譯為白話如下：

> 左思說：「你白髮生在我的鬢旁，破壞我的儀容，影響我的前途，我將要用鑷子拔掉你。」白髮說：「我的命運真不幸，生在你的晚年，而且一生出來就是白色的，使你照鏡子時，一看到我就討厭。我在早上出生，你在晚上就要把我拔除，到底我犯了什麼罪過？請你手下留情，收藏你的鑷子吧！」左思說：「白髮啊！你看看今天這個社會，那一個人不在追求虛榮？崇尚華麗，而輕視枯槁。老年人已不中用了，青年才俊才會受到重用，像甘羅年少拜相，賈誼年輕即享盛名。拔你白髮，還我黑髮，決定權在我自己。」白髮說：「我好冤枉啊！你也好愚笨喔！甘羅是憑其智慧辯才拜相，而不是因為有黑髮；賈誼是以其特異才華成名，而不是因為有烏髮。先民曾說過，國家須重用老成，像周文王起用姜太公，使周朝政治安定；商山四皓輔佐漢朝，使漢朝政治光明。因此你何必一定要拔除我，而去追求虛榮呢？」左思說：「你說的話並非沒有道理，可是現在時代已經不同了，往昔是以老人為貴，而今只有告老還鄉的份，因此我非要將你拔除不可。」白髮說：「我好難過喔！髮膚原是相依為命的，如今卻無法有始有終！！」〔註6〕

古人雖然常用鑷子來拔除白髮，但是畢竟這不是很有效的辦法，因為到最後總是拔不勝拔，因此有許多人在詩中很無奈的表達他們的感受，例如韋

〔註4〕 李石，《續博物志》，卷10。
〔註5〕 馮贄，《雲仙雜記》，卷4。
〔註6〕 原文見左思，〈白髮賦〉，《全晉文》，卷74。

韋莊〈鑷白〉詩說：

> 白髮太無情，朝朝鑷又生。始因絲一縷，漸至雪千莖。不避佳人笑，
> 惟慙稚子驚。新年過半白，猶歎未休兵。〔註7〕

可見頭上的白髮是無法拔除淨盡的，而且隨著年歲的增長，終將逐漸滿頭白。
既然如此，我們又何必爲白髮的事，來徒增自己的煩惱與困擾呢？

（中央日報副刊，第十七版長河版，民國七十八年九月五日）

〔註7〕 韋莊，〈鑷白〉，《浣花集》，卷4。

一二、睡眠是延年益壽的糧食
——古人的睡覺軼事

　　大致上來說，我們人的一生約有三分之一時間用於睡覺，因為睡覺可以
消除疲勞，恢復體力，維持健康。如果連續幾天不睡覺，將會使精神恍惚，
工作能力減退，因此睡覺是一件很重要的事。

　　明人周履靖《益齡單》〈寢息〉提到許多睡覺時應該注意的事項，說：

　　春夏晚臥早起，秋冬晚起早眠（早起雞鳴後，晚在日出前）。春夏臥
　　東首，秋冬臥西首（四時皆忌臥北首，不祥也）。臥床欲高三尺（低
　　則鬼神因地吹人）。夏不取極涼（腎有沈滯之氣），冬不取極熱（必
　　有雍塞之疾）。夜寒濯足（冬月熱洗通身和暖），勿露星月下（成
　　疾），勿眠臥謳唱（不祥），勿臥留燈燭（六神不安），勿晝臥（失
　　氣），勿坐臥當風（成疾），勿臥濕處（氣散血注或成疾），勿臥發言
　　語（損氣），勿夜說夢（說則不祥），枕不欲高（養生者以楮為枕，
　　日減一番紙，其平以漸也，洪平齋云）。睡宜側臥屈膝（益人心氣，
　　伸臥招邪魅，孔子云：寢不尸）。覺宜舒展（精神不散）。夜半不可
　　不睡（凡入夜則血歸于肝，肝為宿血之藏，過三更不睡，則明日面
　　色黃燥，意思荒浪，以血不歸故也，東坡書云）。睡宜握固（魂魄自
　　安，百邪不侵）。睡勿掩心（睡臥不宜以手掩心胸，即魘，魘即勿呼
　　其姓名，勿點燈照其面，掐其腳心即甦）。睡覺勿飲冷水（水成
　　痰）……。〔註1〕

〔註 1〕 周履靖，《益齡單》，寢息。

其認為如果能依照以上各項，加以注意，則可以延年益壽，身體健康。明人陳繼儒《珍珠船》亦說：

> 笈云，睡是眼之食，七日不眠，則眼枯。〔註2〕

可見睡覺正同眼睛的糧食一樣，如數日不眠，不僅傷眼，身體其他各器官的機能也將會受到影響。

睡覺有仰臥、側臥、俯臥、坐睡等不同的姿態，但是也有比較特殊的，例如元人伊世珍《瑯嬛記》說：

> （西漢）呼子先夜不臥，惟倚藜杖閉目少頃，即謂之睡。〔註3〕

宋人呂居仁《軒渠錄》說：

> 東坡知湖州，嘗與賓客遊道場山，屏退從者而入，有僧憑門闔熟睡，……。〔註4〕

竟然可以站立而睡，可見確實有些人睡覺姿勢是較特異的。甚至於有人在走路時，也可以睡著，《珍珠船》說：

> 夏侯隱每登山渡水，閉目美睡，同行聞其鼾聲，而不蹉跌，謂之睡仙。〔註5〕

此種睡覺的特別能力，實在非比尋常，難怪被稱為「睡仙」。

熟睡時，全身放鬆，警覺性降低，因此有些人於睡覺之際，不允許別人靠近，以免遭到不測。南朝劉宋劉義慶《世說新語》說：

> 魏武（曹操）常云：「我眠中不可妄近，近便斫人，亦不自覺，左右宜深慎此。」後陽眠，所幸一人竊以被覆之，因便斫殺，自爾每眠，左右莫敢近者。〔註6〕

此位部下以為曹操睡著了，拿棉被覆蓋曹操身體，使其免受風寒，不料卻因而違背曹操原先下達的禁令，招來殺身之禍。

有些人會以睡覺做為屏退客人來訪的辦法，宋人釋惠洪《冷齋夜話》說：

> 范堯夫謫居永州，閉門，人稀識，面客苦，欲見者或出則問寒喧而已。僮掃榻具枕，於是揖客，解帶對臥，良久，鼻息如雷霆。客自

〔註2〕陳繼儒，《珍珠船》，卷3。
〔註3〕伊世珍，《瑯嬛記》，卷中。
〔註4〕呂居仁，《軒渠錄》，收錄於《說郛》，卷34上。
〔註5〕同註2。
〔註6〕劉義慶，《世說新語》，卷下之下，假譎。

度未可起，亦熟睡，睡覺常及暮而去。〔註7〕

此段軼事在宋人徐度《卻掃篇》也有類似的記載：

> 范忠宣謫居永州，客至必見之，對設兩榻，多自稱老病，不能久坐，
> 遽就枕，亦授客一枕，使與己對臥。數語之外，往往鼻息如雷，客
> 待其覺，有至終日迄不得交一談者。〔註8〕

這種待客之道雖然不太合於人情，但是直至現代，我想還是有人會採用此法
來屏退客人吧！

　　睡覺固然重要，可是由於每個人生活習性不一樣，因此有些人平常睡得
少，精神卻仍然很飽滿，不過也有些人生平愛睡覺，即使睡了一整天，還是
覺得不夠。宋人蘇軾《東坡志林》說：

> 有二措大相與言志，一云：「我平生不足惟飯與睡耳，他日得志，當
> 喫飽飯了便睡，睡了又喫飯。」一云：「我則異於是，當喫了又喫，
> 何暇復睡耶？」吾來廬山聞馬道士嗜睡，於睡中得妙，然吾觀之，
> 終不如彼措大得喫飯三昧也。〔註9〕

這兩位窮士人說的倒是真心話，對吃與睡的喜好乃是人之常情，難怪準備在
得志後，好好享受一番。至於修道者如能從睡覺中，獲得妙悟，則未嘗不是
可採行的辦法。

　　東晉王羲之有兩則與睡覺有關的軼事，一為一般人都已熟知的「東床快
婿」，另一則，據《世說新語》說：

> 王右軍（王羲之）年裁十歲時，大將軍（王敦）甚愛之，恒置帳中
> 眠。大將軍嘗先出，右軍猶未起，須臾，錢鳳入，屏人論事，都忘
> 右軍在帳中，便言逆節之謀。右軍覺，既聞所論，知無活理，乃剔
> 吐污頭面被褥，詐熟眠。敦論事造半，方憶右軍未起，相與大驚曰：
> 「不得不除之。」及開帳，乃見吐唾縱橫，信其實熟眠，於是得
> 全。於時稱其有智。〔註10〕

由於王羲之的鎮靜，並且急中生智，終於能化險為夷，否則必將招致殺身之
禍。

　　元人姚桐壽《樂郊私語》錄有一則睡覺的軼事，說：

〔註7〕 釋惠洪，《冷齋夜話》，卷之8，范堯夫揖客對臥。
〔註8〕 徐度，《卻掃編》，卷中。
〔註9〕 蘇軾，《東坡志林》，卷11。
〔註10〕 同註6。

　　相傳紹興間，有海鹽丞簡傲不羈，志輕一世，嘗謁一卿大夫，主人
　　偶遲遲而出，丞故好睡，比至主人出，則丞已鼾聲如雷矣。主人以
　　客睡不敢呼，亦復就睡。及丞覺，亦以主睡不敢呼，更復就睡如初。
　　究之主客更相臥醒，至日沒，丞起而去，竟不交一言。〔註11〕

客人等主人出，不耐久等，無意間便睡著。及至主人出，見客人睡，也睡於
旁。客醒，見主人睡，乃再睡，如是交叉而睡而醒，至離去前，終未能交談
一語。

　　有些人睡覺時會打鼾，聲音大如雷，常令睡於其身旁者無法忍受。唐人
韓愈作〈嘲鼾睡〉詩兩首，其一說：

　　澹師晝睡時，聲氣一何猥。頑飆吹肥脂，坑谷相鼀磊。雄哮乍咽絕，
　　每發壯益倍。有如阿鼻尸，長喚忍眾罪。馬牛驚不食，百鬼聚相待。
　　木枕十字裂，鏡面生痱癗。鐵佛聞皺眉，石人戰搖腿。孰云天地仁，
　　吾欲責眞宰。……。〔註12〕

可見這個人的鼾聲相當擾人，因此韓愈嘲笑他說，連馬牛、百鬼、木枕、銅
鏡、鐵佛、石人等都無法忍受。另外，更奇怪有趣的是，竟然有些人的鼾聲
可以譜成樂曲，唐人段成式《酉陽雜俎》說：

　　許州有一老僧，自四十已後，每寐熟，即喉聲如鼓簧，若成韻節。
　　許州伶人伺其寢，即譜其聲，按之絲竹，皆合古奏。僧覺，亦不自
　　知，二十餘年如此。〔註13〕

宋人陶穀《清異錄》〈混沌譜〉亦說：

　　華山陳眞人隱於睡，馮翊士寇朝一常事眞人，得睡之崖略，後還鄉
　　惟睡而已。郡南劉垂範往謁，其從以睡告，垂範坐寢外，聞鼾鼾之
　　聲雄美可聽。退而告人曰：「寇先生睡中有樂，乃華胥調雙門曲也。」
　　或曰：「未審譜記何如？」垂範以濃墨塗紙滿幅，題曰「混沌譜」，
　　云即此是也。〔註14〕

鼾聲果眞可以譜成樂曲嗎？就請讀者不妨留意試驗看看吧！

　　　　　　　（中央日報副刊，第十七版長河版，民國七十九年七月三日）

〔註11〕姚桐壽，《樂郊私語》。
〔註12〕韓愈，〈嘲鼾睡〉，收錄於宋人王伯大編，《別本韓文考異補遺》。
〔註13〕段成式，《酉陽雜俎》，續集，卷3。
〔註14〕陶穀，《清異錄》，卷3，混沌譜。

一三、張燈結綵祈神除災
——中國古代傳染病防治之道

　　我國古代醫學雖然尚稱稍有成就，但是對於防治蔓延迅速的傳染病，還是多無能為力，主政者在疫災形成後，往往僅做些祈神賜福、致送醫藥，蠲免稅收或給予棺器等消極的工作，例如《宋書·文帝本紀》說：

　　宋文帝元嘉四年（西元 427 年）夏五月，京師疾疫，甲午，遣使存

　　問，給醫藥；死者若無家屬，賜以棺器。〔註1〕

這種賑濟的措施，固然可以稍微安定人心，紓減民困，但是仍然無法有效的防治傳染病的發生與蔓延，因此在我國古代，每一次疫災的來臨，總是造成許多人病死，諸如《魏書·靈徵志》說：

　　北魏顯祖皇興二年（西元 468 年）十月，豫州疫，民死十四、五萬。

　　〔註2〕

《明史·五行志》說：

　　明成祖永樂六年（西元 1408 年）正月，江西建昌、撫州、福建建寧、

　　邵武自去年至是月，疫死者七萬八千四百餘人。八年，登州寧海諸

　　州縣自正月至六月，疫死者六千餘人。邵武比歲大疫，至是年冬，

　　死絕者萬二千戶。……明英宗正統九年（西元 1444 年）冬，紹興、

　　寧波、台州瘟疫大作，及明年死者三萬餘人。……明景帝景泰七年

　　（西元 1456 年）五月，桂林疫死者二萬餘人。〔註3〕

〔註1〕 沈約，《宋書》，卷5，本紀第5，文帝。

〔註2〕 魏收，《魏書》，卷112上，靈徵志上。

〔註3〕 張廷玉，《明史》，卷28，志第4，五行1。

從這些史書的記載，我們可知古代所發生的疫災往往相當嚴重，病死者數以萬計，使該地區成為人鬼雜處的地方，甚是恐怖。尤其是許多屍骸暴露於地面，任其腐爛，更加速傳染病的蔓延，使病死者急遽增多，以致於有全家皆病死，而無一存活者。《湖廣通志》說：

> 明孝宗弘治二年（西元 1489 年）春正月，華容大疫，有闔門無一存者。〔註4〕

遙想當時全家都因疾病而遭滅絕的慘境，實在令人感嘆不已。

疫災既然容易傳染，引起生病死亡，因此在疫災地區，親友或相識者大多不敢彼此探訪，對於有病死者的人家，更不敢前往弔問。關於此類的記載，《吳江縣志》說：

> （明思宗）崇禎年，邑大疫，嘗一家數十人闔門相枕藉，死無遺，類者偶觸其氣必死。諸生王玉錫，字來宣，其師陳君山一門父子妻孥五人一夜死，親鄰無一人敢窺其門，無論棺殮也。玉錫獨毅然直入曰：「平日師弟之誼，何忍坐視耶？」乃率數丐者至屍所一一棺殮之，止有一襁褓子亦已死，猶略有微息，親抱出，藥乳得生，陳氏賴以有後。〔註5〕

可見疫災的來襲，為患相當可怕，使全家皆病死者甚多，而此一陳氏人家賴其學生深懷師生之誼，不怕遭疾疫傳染，挺身而出予以棺殮，且竟能倖存陳氏幼子，延傳薪火，實為不幸中之大幸。

當疫災蔓延時，人們每日處於恐懼當中，常易產生幻覺，誤以為疾疫的傳染，乃是鬼魅作怪所致。明人沈德符《萬曆野獲篇》即有如下的記載：

> （明孝宗）弘治十四年（西元 1501 年）六月，雲南雲龍州民疫疾，十家九臥，內有不病者，見鬼輒被打死，有被打顯跡，有因沈病死者，有病在家為鬼壓死者，百姓死將半。〔註6〕

同時，人們在疫災的威脅下，也容易產生迷信，乃借助於祈神、賽會的儀式，而忽略醫藥的治療。《吳江縣志》說：

> （明思宗）崇禎十七年（西元 1644 年）春，疫癘大作，有無病而口

〔註4〕《湖廣通志》，卷1，引自陳夢雷，《古今圖書集成》，曆象彙編，庶徵典，第114卷，疫災部。

〔註5〕《吳江縣志》，引自陳夢雷，《古今圖書集成》，明倫彙編，交誼典，第9卷，師弟部。

〔註6〕沈德符，《萬曆野獲編》下，卷29，弘治異變。

> 噴血即斃者，或全家或一巷士民枕藉而死。相率哀祈鬼神，各家設
> 香案、燃天燈、演劇、賽會、窮極瑰奇，舉國若狂，費以萬萬計。
> 廟宇中吏卒皆以生人充之，時聞神語呵喝，空中有枷鎖捶撻之聲，
> 如是將一月。〔註7〕

人們面對死亡的恐懼，做此浪費與無奈的舉動，固然其情可憫，但是這畢竟
是迷信的作法，往往徒然無效。

　　我國古代疫災的發生與蔓延，其原因固然很多，但是，居住環境衛生欠
佳亦為主因，尤其是溝渠不通暢，易孳生蚊類，使登革熱、腦炎、瘧疾、黃
熱病等傳染病的病原體，經由蚊類迅速傳播。南宋歐陽守道《巽齋文集》〈與
王吉州論政書〉述及吉水縣疫災的發生，說：

> 今溝渠不通，致病之一源也。……溝渠不通，處處穢惡，家家濕潤，
> 人之血氣觸此則壅，氣不行，病於是乎生。今通達廣路猶無潔淨之
> 所，而偏街曲巷使人掩鼻疾趨，如此則安得不病？〔註8〕

可見當時其雖未必知道病菌繁殖的緣由，然而知道髒亂容易引起疫災，強調
環境衛生的重要，已頗屬難得。

　　在我國古代，一般人都相傳疫災的發生與蔓延，是瘟神提著瘟疫袋行走
四方，到該遭瘟疫的地方撒下瘟蟲，散播瘟氣。關於瘟神有許多不同的說法，
其中較普遍的是五位瘟疫使者，在《道藏·搜神記》提到隋文帝時有五位瘟
疫使者，身上分別披著紅、黃、青、白、黑色袍，一持杓、罐，一持皮袋、
劍，一持扇，一持槌，一持火壺，出現於何地，該地即發生瘟疫。清人錢泳
《履園叢話》〈墨線〉述及類似的說法，稱：

> （清仁宗）嘉慶十年（西元1805年）三月，家小癡客四川之中壩巡
> 司署，初五日早，哄傳街上彈有墨線痕，親自出署觀之，自大堂暖
> 閣至頭門百餘步甬道上，貫墨線一條。詢之居民，咸稱本鎮各街巷
> 暨幽僻處皆然。成都，龍安、嘉定皆同日彈有墨線，不知何異也。
> 至立夏後，民間疫病大作，四、五月尤甚。成都省城各門，每日計
> 出棺木八百四、五十具，亦有千餘具者。先是三月初，簡州刺史徐
> 公鼎奉檄赴嘉定催銅，夜夢五人從東來，自稱「行疫使者」，將赴成
> 都。問其何時可回，答云：「過年看龍燈方回也。」徐旋省後，適見

〔註7〕同註5。
〔註8〕歐陽守道，〈與王吉州論政書〉，《巽齋文集》，卷4。

> 瘟疫流行，憶及夢中語，即告制軍，議以五月朔爲元旦，曉諭民間，
> 大張燈火，延僧道誦經禮懺，紮龍燈、放花爆，民間亦助結燈綵。
> 每夜火光燭天，金鼓之聲不絕。自錦江門直至鹽市口，男女喧沓，
> 歌曲滿街，即每歲元宵亦無此盛也。如此半月，疫果止。〔註9〕

此項記載相當曲折、離奇，如在今天科學進步的時代，或許有些人不予採信。然而在當時人們正遭受疫災的肆虐，恐懼萬分，既有此阻止疫災蔓延的方法，採用又何妨呢？因此相信徐刺史夢中的情節，在五月朔張燈結綵，讓瘟疫使者看過後愉快地離去，而求得地方上的安寧。

（中央日報副刊，第十七版長河版，民國七十九年八月十八日）

〔註 9〕 錢泳，《履園叢話》，卷14，墨線。

一四、中國古代的胎教

　　根據現代醫學上的了解，胎兒確實會受孕婦情緒的影響，當孕婦心情不好時，內分泌和血流容易變化，自律神經系統反應也比較激烈。因此孕婦有必要以胎教來維持情緒的平衡和穩定，才不致於影響胎兒的成長。

　　在我國古代很早即注意到胎教的問題，《大戴禮記》、賈誼的《新書》、劉向的《列女傳》、王充的《論衡》都有記載。其中《列女傳》第一卷〈周室三母〉，說：

> 三母者太姜、太任、太姒……太任者，文王之母。……及其有娠，
> 目不視惡色，耳不聽淫聲，口不出敖言，能以胎教溲以豕牢，而生
> 文王，文王生而明聖，太任教之，以一而識百，卒爲周宗。君子謂
> 太任爲能胎教。古者婦人姙子，寢不側、坐不邊，立不蹕，不食邪
> 味，割不正不食，席不正不座，目不視於邪色，耳不聽於淫聲，夜
> 則令瞽誦詩，道正事，如此則生子形容端正，才德必過人矣。〔註1〕

周文王的母親能採行胎教，因此生下了英明賢能的文王。由此可知古代的胎教要求孕婦不可側臥，不可坐在床緣、椅邊上、不可斜立、不可亂吃食物、不吃切割不整齊的食物，不坐擺不正的座席，所見所聞要清純，夜晚可叫盲者朗誦詩歌，講述正當事理，如此才可生下體貌端正，才德皆備的孩子。

　　這種胎教的各項要求，實在過於瑣細。一般老百姓每天忙於工作，當然無法做到每個細節，因此也可能只適用於那些養尊處優的后妃貴婦們，因爲她們所產下的嬰兒，或許就是某位顯要的繼承人，有必要做此嚴格的要求。

〔註1〕 劉向，《列女傳》，卷1。

但是這些胎教後來隨著貴族的平民化，也逐漸普及於民間，而且深受百姓注意和沿用。晉人張華《博物志》卷十更擴充指出：

> 婦人姙身，不欲令見醜惡物、異類鳥獸。食當避其異常味，不欲令見熊、羆、虎、豹。御及射鳥、射雉，（不）食牛心、白犬肉、鯉魚頭。席不正不坐，割不正不食。聽誦詩書諷詠之音，不聽淫聲，不視邪色。以此產子，必賢明端正壽考，所謂父母胎教之法。故古者婦人姙娠，必慎所感，感于善則善，感于惡則惡矣。姙娠者不可啖兔肉，又不可見兔，令兒唇缺，又不可啖生薑，令兒多指。〔註2〕

更指出孕婦不可見到奇怪的東西、鳥獸；不能吃牛心、白犬肉、鯉魚頭；不能吃兔肉、看兔子，以免生下兔唇的嬰兒；不能吃生薑，因其雜枝蔓生，恐怕會生下多指的嬰兒。同時強調感應，如果感應是好的，對孕婦和胎兒都有益處，否則，害處將隨之產生。

我國古代的醫生也曾對胎教作過深入研究，所持的看法竟然和今日醫學理論類似，都認為懷孕後的前三個月，是胎兒成形最快的時候，因此在這段期間，胎教非常重要，如果孕婦的情緒不穩定，胎兒受害最大。北齊徐之才《逐月養胎方》說：

> 姙娠三月，名始胎，當此之時，未有定儀，見物而化。欲生男者操弓矢，欲生女者弄珠璣，欲子美好數視璧玉，欲子賢良端坐清虛，是謂外象而內感者也。〔註3〕

唐代名醫孫思邈《備急千金要方》〈養胎論〉亦說：

> 舊說凡受胎三月，逐物變化，稟質未定，故姙娠三月，欲得觀犀象、猛獸、珠玉、寶物。欲得見賢人、君子、盛德、大師，觀禮樂、鐘鼓、俎豆、軍旅，陳設焚燒名香，口誦詩書、古今箴誡，居處簡靜，割不正不食，席不正不坐，彈琴瑟，調心神，和情性，節嗜慾，庶事清淨，生子皆良，長壽、忠孝、仁義、聰慧、無疾，斯蓋文王胎教者也。〔註4〕

可知中國古代的胎教，至唐代已漸趨嚴密，該遵行的項目也越來越多。同書又強調「兒在胎，日月未滿，陰陽未備，腑臟骨節皆未成足，故自初迄子將

〔註2〕張華，《博物志》，卷10，雜說下。
〔註3〕徐之才，《逐月養胎方》，收錄於孫思邈，《備急千金要方》，卷2，養胎第3。
〔註4〕孫思邈，《備急千金要方》，卷2，養胎第3。

產，飲食居處皆有禁忌」，〔註5〕因此列有許多項吃了某種食物，將會如何如何的警語。

胎教的說法在我國雖然歷代大同小異，但是此一觀念卻已深深融入中國人的生活裏，尤其當婦女懷孕時，更成為她每天生活重要的一環。因此古人在家訓中也特別提到胎教，以告誡後代子孫須嚴加遵守。例如北齊顏之推《顏氏家訓》〈教子篇〉第二說：

> 古者聖王有胎教之法，懷子三月，出居別宮，目不邪視，耳不妄聽，
> 音聲滋味以禮節之，書之玉版，藏諸金匱。〔註6〕

可見胎教在我國不僅很早即已開始，而且全國上下普遍採行。直至今天，隨著優生學的受到重視，大家似乎更樂此不疲地遵行。

（中央日報副刊，第十七版長河版，民國七十九年九月四日）

〔註5〕註同前。
〔註6〕顏之推，《顏氏家訓》，卷上，教子篇第2。

一五、中國人如何面對齒落髮禿的年紀？

　　雖然一般人都知道感嘆時間無情是徒然的，因為隨著時光的飛逝，人類的一生仍將由幼年、少年、青年、中年，而老年，以致死亡。但當人們發現自己身體有衰老跡象時，仍不免對這種必然的變化，產生或多或少的感觸。

　　無論人們如何注意牙齒的保養，牙齒還是遲早會隨著衰老的來臨，而逐漸掉落。據唐人王冰《重廣補註黃帝內經素問》〈上古天真論〉說：

> 丈夫……五八（指四十歲）腎氣衰，髮墮齒槁，腎主於骨，齒為骨餘，腎氣既衰，精無所養，故令髮墮齒復乾枯。……八八（指六十四歲）則齒髮去，陽氣竭，精氣衰，故齒髮不堅，離形骸矣，去落也。〔註1〕

古人認為四十歲對男人而言，是一個重要關鍵，從此以後，即使未蛀的牙齒，也會逐漸枯槁、脫落。亦即四十歲是男人身體衰老的開始，如遇有牙齒掉落，難免會有極深的感觸，尤其是文人的心靈較敏銳，其感受更甚於他人。唐人韓愈〈落齒〉詩說：

> 去年落一牙，今年落一齒。俄然落六七，落勢殊未已。餘存皆動搖，盡落應始止。憶初落一時，但念豁可恥。及至落二三，始憂衰即死。每一將落時，懍懍恒在己。又牙妨食物，顛倒怯漱水。終焉捨我落，意與崩山比。今來落既熟，見落空相似。餘存二十餘，次第知落矣。

〔註1〕《黃帝內經素問》，卷1，上古天真論。

儻常歲落一，自足支兩紀。如其落併空，與漸亦同指。人言齒之落，
壽命理難恃。我言生有涯，長短俱死爾。人言齒之豁，左右驚諦視。
我言莊周云，木雁各有喜。語訛默固好，嚼廢輭還美。因歌遂成詩，
持用誇妻子。〔註2〕

韓愈將牙齒脫落的過程和感想，描寫得很細膩。雖然他起初有所感嘆，但是
後來似乎已能以坦然的心情接受這一事實，所以特別為此寫一首詩，來讓妻
子驚詫一下。

明代吳儼亦曾作〈齒落〉詩，認為不必為了牙齒的脫落，而感到悲傷。
只求不要腫痛哀叫，驚動鄰里；落齒雖然對吃食菜肴有妨礙，若是吃米粥，
則仍自有其美味；雖然會使說話不方便，然而待人處事，本來即應少說話。
〔註3〕可見他也是一位能持著達觀態度來面對牙齒脫落的人。

至於頭髮脫落，除了緣於年老，體質及身體自然新陳代謝等因素外，據
現代醫學的研究，生理的異常或心理的壓力，也都有可能使頭髮脫落，例如
《梁書・荀匠傳》說：

（荀）匠居父憂并兄服，歷四年不出廬戶。自括髮後，不復櫛沐，
髮皆禿落。〔註4〕

說明了哀痛逾恒，會使人身心不平衡，以致於頭髮脫落。

宋人陶穀《清異錄》說：

世有十樣佛，皆禿首者也。一僧、二尼、三老翁、四小兒、五優伶、
六角觝、七泅魚漢、八打狐人、九禿瘡、十酒禿。〔註5〕

可見禿頭為大家所不願，不僅自覺難看，也常會被當作取笑的對象。明人李
時珍《本草綱目》〈亂髮釋名〉，曾記載防止頭髮脫落的辦法，說：

劉安君云，欲髮不落，梳頭滿千遍；又云，髮宜多梳，齒宜數叩，
皆攝精益腦之理爾。〔註6〕

但不論如何善於保養頭髮，它還是會隨著衰老的來臨，而逐漸脫落。唐人王
冰《重廣補註黃帝內經素問》〈上古天真論〉說：

……女子……五七（指三十五歲）陽明脈衰，面始焦、髮始墮，陽

〔註2〕韓愈，〈落齒〉，《昌黎先生集》，卷4。
〔註3〕吳儼，〈齒落〉，收錄於錢謙益，《列朝詩集》，丙集第6。
〔註4〕姚思廉，《梁書》，卷47，列傳第41，孝行，荀匠。
〔註5〕陶穀，《清異錄》，卷5。
〔註6〕李時珍，《本草綱目》，卷52，亂髮釋名。

　　明之脈氣營於面，故其衰也，髮墮面焦。〔註7〕

便指出女人至三十五歲以後，即使生理正常，也會隨著身體機能的衰老，導致頭髮開始逐漸脫落。

　　中國古代文人對於頭髮掉落的衰老跡象，也常將感觸抒發於詩文中。例如唐人白居易〈歎髮落〉說：

　　多病多愁心自知，行年未老髮先衰。隨梳落去何須惜，不落終須髮
　　作絲。〔註8〕

〈感髮落〉亦說：

　　昔日愁頭白，誰知未白衰。眼前應落盡，無可變成絲。〔註9〕

其對於年老景象的來臨，似乎感受相當深刻，頻頻感嘆，繼而改採輕鬆心情，自我解嘲一番。

　　古人對於齒落、髮落等衰老的景象，雖然難免會泛起感傷的心情，但是大多數，尤其是較達觀的人，往往都還能敞開胸懷來接受這一事實。我想，即使是現代的人們也是如此吧？否則又能怎麼樣呢？

　　　　　　（中央日報副刊，第十七版長河版，民國七十九年九月八日）

〔註7〕同註1。
〔註8〕白居易，〈歎髮落〉，《白香山詩長慶集》，卷13。
〔註9〕白居易，〈感髮落〉，《白香山詩長慶集》，卷14。

一六、中國人吃月餅小史

　　月餅又叫團圓餅、豐收餅、月團、宮餅，本是中秋節祭拜月神的供品，後來逐漸演變成中秋節吃月餅的習俗。

　　中國人從什麼時候開始吃月餅呢？相傳《洛中見聞》提到唐僖宗曾分贈月餅給新科進士，是今日所見最早有關月餅的記載。〔註1〕另外，北宋蘇軾〈留別廉守〉詩說：

> 小餅如嚼月，中有酥和飴。〔註2〕

南宋吳自牧《夢粱錄》記載月餅名稱有月餅、開爐餅、菊花餅、梅花餅、雜色煎花饅頭、金銀炙焦牡丹餅、棗箍荷葉餅等。〔註3〕南宋周密《武林舊事》也記載有「月餅」兩字，以及元末陶宗儀《元氏掖庭記》說：

> 酌玄霜之酒，啖華月之糕。〔註4〕

均可說明中國人吃月餅似已有一千年的歷史了。至於將吃月餅一事，扯上漢人殺韃子的傳說，僅是野史所記，不足採信。

　　中國人在中秋節吃月餅的習俗，到明代似已成為定制、明代劉若愚《酌中志》說：

> 八月……至十五日，家家供月餅、瓜果，候月上焚香後，即大肆吃

〔註1〕 一般人提及中國人吃月餅的開始，都會引述《洛中見聞》所言。但有人考證，稱並無《洛中見聞》此一本書。宋初有《洛中記異》，已失傳，但《類說》有節錄其佚文：「（唐）僖宗食餅餡美，進士有聞喜宴，上各賜紅綾餅餡一枚。」此文並沒提到月餅。

〔註2〕 蘇軾，《東坡後集》，卷7。

〔註3〕 吳自牧，《夢粱錄》，卷16，葷素從食店，諸色點心。

〔註4〕 陶宗儀，《元氏掖庭記》。

啖，多竟夜始散。〔註5〕

可見在中秋節當天夜晚，人們除了以月餅、水果祭拜月神外，常邊賞月邊吃喝盡情享受一番。關於這種情趣，明代田汝成《西湖遊覽志餘》也提到杭州人在中秋夜，常舉行賞月的家庭宴會，或攜帶盛裝月餅的食盒和酒壺、成群結隊到西湖邊通宵遊玩、賞月、歌舞。〔註6〕

到明代，中秋節吃月餅的風氣，已不僅是慶祝中秋而已，另具有以圓如滿月的月餅來象徵團圓的意義，並且有相贈月餅的禮俗。因此前引書《酌中志》，說：

> 席者如有剩月餅，仍整收于乾燥風涼之處。至歲暮合家分用之，曰
> 團圓餅也。〔註7〕

明代田汝成《西湖遊覽志餘》，說：

> 八月十五日謂之中秋，民間以月餅相遺，取團圓之義。〔註8〕

明代劉侗《帝京景物略》，說：

> 八月十五日祭月，其祭果、餅必圓，……月餅月果，……戚屬餽相
> 報。〔註9〕

清代富察敦崇《燕京歲時記》也說：

> （月餅）有祭畢而食者，有留至除夕而食者，謂之團圓餅。〔註10〕

在我國北方，時序既已入秋，天氣漸寒，月餅可耐久留，因此留至除夕，俟遊子們回家過年時再食用。關於這種意義，有一事值得一提，即是清高宗的生日為陰曆八月十三日，與中秋節相近，因此他在位期間，中秋的慶典尤其熱鬧，例如乾清宮內供月御案所陳列的月餅山，月餅由下而上，由大而小，墊底者直徑尺餘，頂端月餅則僅兩寸，稱為桃頂月餅。另據《清宮膳檔》記載，每年八月五日，內膳房會派專人運送「萬歲爺供月大月餅一個，重十斤，三斤重月餅兩個，賞人用二寸月餅一五〇個」到熱河行宮，那個十斤重的大月餅祭拜後，則留至除夕夜，再分賞給阿哥和公主們。〔註11〕這一事也說明

〔註5〕劉若愚，《酌中志》，卷20。

〔註6〕田汝成，《西湖遊覽志餘》，第20卷，熙朝樂事。

〔註7〕同註5。

〔註8〕同註6。

〔註9〕劉侗，《帝京景物略》，收錄於《欽定日下舊聞考》，卷148。

〔註10〕富察敦崇，《燕京歲時記》，月餅。

〔註11〕清宮御膳房檔案。

了吃月餅寓有團圓的意義。

中國人在中秋節吃月餅既然成俗，因此明、清時期，有一些手藝高明的製餅師傅特別在月餅上下工夫，以增加過節的氣氛和人們吃月餅的食慾。例如沈榜《宛署雜記》提到明代北京過中秋及製作月餅盛況說：

> 八月饋月餅。士庶家俱以是月造麵餅相遺，大小不等，呼爲月餅。
>
> 市肆至以水果爲餡，巧名異狀，有一餅值數百錢者。〔註12〕

甚至於有人在月餅上作出圖案來，明代彭蘊章《幽州土風吟》說：

> 月宮餅，製就銀蟾紫府影。一雙蟾兔滿人間，悔煞嫦娥竊藥年；奔入廣寒歸不得，空勞玉杵駐丹顏。〔註13〕

《燕京歲時記》也說：

> 至供月月餅到處皆有。大者尺餘，上繪月宮、蟾兔之形。〔註14〕

可見明、清時期已將有關月亮的種種傳說，以圖案表現於月餅上，當然也就更增加了過節的氣息。

（中央日報副刊，第十七版長河版，民國七十九年十月一日）

〔註12〕沈榜，《宛署雜記》，第 17 卷，民風 1，八月饋月餅。
〔註13〕彭蘊章，《幽州土風吟》。
〔註14〕同註 10。

一七、古人如何漱口？

漱口是我們日常生活中一項重要的衛生習慣，雖然我國古代人們對於口腔的清潔和牙齒的維護，不如現代完備，但是在平常即很重視嗽口習慣的養成，因此隋人巢元方《諸病源候論》說：

> 食畢常漱口數過，不爾，使人病齲齒。〔註1〕

可見飯後須經常漱口，否則容易患齲齒。

一般說來，古人們平常是以水漱口，但是也有人是以鹽水、濃茶、酒漱口。唐人孫思邈《備急千金要方》說：

> 每旦以一捻鹽內口中，以溫水含，……口齒即牢密。〔註2〕

在李鵬飛《三元參贊延壽書》中也說：

> 輒以濃茶漱口於食後，煩膩既去，而脾胃不知。凡肉之在齒，得茶
> 漱滌，不覺脫去，不煩挑剔也。〔註3〕

他認為如能在每次飲食之後，常以濃茶漱口不僅可以除去油膩，使脾胃舒適，也可以漱滌夾在牙縫的肉渣。這種用茶水漱口的主張，是相當正確的，因為據現代醫學的研究，茶葉中含有單寧和氟化物，具有抗菌、殺菌、防止齲齒的作用。至於用酒漱口，據宋人張杲《醫說》記載：

> 劉幾年七十餘，精神不衰，每一飲酒輒一漱口，雖醉不忘也，曰此
> 可以無齒疾。〔註4〕

〔註1〕 巢元方，《諸病源候總論》，卷29。
〔註2〕 孫思邈，《備急千金要方》，卷19，七竅病方，齒病第6。
〔註3〕 李鵬飛，《三元參贊延壽書》，卷之3，飲食。
〔註4〕 張杲，《醫說》，卷4，飲食漱口。

這可能是劉幾喜歡飲酒的藉口，但是也未嘗不是一種漱口的方法。

　　古人用來漱口的材料，除了有前述幾種之外，尚有其他比較特別的，例如司馬遷《史記》〈扁鵲倉公列傳〉說：

> 齊中大夫病齲齒，臣〔指倉公——淳于意〕意灸其左大陽明脈，即為苦參湯，日漱三升，出入五、六日，病已。得之風，及臥開口，食而不漱。〔註5〕

淳于意認為，此位中大夫患齲齒的原因，在於他睡覺時張開嘴巴，以及吃過食物後沒有漱口。因此除了施以針灸外，也特別要求病人每天用苦參湯三升漱口，經過五、六天之後，牙痛果然治好了。另外，在《蘇東坡全集》卷六，也提到將冷凝的松脂與白伏苓做成粉末，用來漱口或揩齒，有固牙、養顏、護髮的功效。〔註6〕

　　由於我國古人對於漱口相當重視，因此有些醫生更進一步指出，飯後與晚上睡前的漱口比早晨重要，《醫說》稱：

> 世人奉養，往往倒置，早漱口不若將臥而漱，去齒間所積，牙亦堅固。〔註7〕

明人徐春甫《古今醫統大全》也提到：

> 金丹大全書云，令人修養倒置，漱齒每以早晨，是倒置也。凡一日飲食之毒，餘積於齒縫中，當於夜下洗刷，使垢穢不藏於齒縫，齒自不壞矣。故云晨漱不若夜漱，此善於養齒者。今觀智者，每日飯後必漱，及晨晚通有五漱，則齒至老堅白不壞，斯存養之功可見矣。〔註8〕

這兩本古代醫書均明顯地提到，一般人的養生常本末倒置。像漱口這件事，人們經過一天的吃喝後，食物的餘渣夾積於牙縫，如能在飯後及夜晚將睡之前漱口，其功效比早晨漱口好得多。當然最好是早晚及三餐後均能漱口，那麼到年老也可使牙齒堅固潔白。這種保養牙齒和口腔的見解，以當時宋、明兩代而言，是相當難得的。

　　　　　（中央日報副刊，第十七版長河版，民國七十九年十月十一日）

〔註5〕司馬遷，《史記》，卷105，列傳第45，扁鵲倉公。
〔註6〕蘇軾，《蘇東坡全集》，內篇，第6卷。
〔註7〕同註4。
〔註8〕徐春甫，《古今醫統大全》，卷之64，齒候門。

一八、中國古代的大象軼事
——象陣殺敵、象鼻爲刑具、獻象舞

　　在現代我國境內，即使南方也已不容易見到大象群棲的蹤跡，但是從古代的遺址及史書加以考證，卻可發現大象曾於中原地區活動過，只是後來隨著氣候的變化，大象無法適應逐漸轉爲乾燥寒冷的氣候，而紛紛往南方遷徙。因此大象這種今日熱帶的動物，對我國古人而言，其實並不完全陌生，在史書中仍然可看到有關牠的記載。

　　在我國古代戰陣中，有時候會驅使大象，以其龐然肥重的體軀，去猛力衝撞敵陣、敵營。《春秋左氏傳》說：

　　　　（魯）定公四年，……楚師亂，吳師大敗之。……五戰，及郢。己

　　　　卯……（楚）王使執燧象以奔吳師。〔註1〕

可見早在春秋戰國時期，位於我國南方的楚國，曾在象尾綁上火燧，再予點燃，使大象因疼痛而奔赴吳軍陣營。至近代仍然有人運用此種戰法，清人劉獻廷《廣陽雜記》說：

　　　　僞將軍吳應賁者，吳三桂之姪也。搏戰爲流矢所中，貫顴墮馬，夏

　　　　國相力戰救之而歸。穆將軍追至城下，三桂于近城設伏以防，巨象

　　　　伏岡下，敵至起而衝之，清兵披靡而走。〔註2〕

顯然清初吳三桂反清時，也曾以大象來衝撞清兵。

　　大象在戰陣中，除可用於衝撞外，並可令士兵騎乘於象背上，《漢書·大

〔註1〕左丘明，《春秋左氏傳》，定公四年。

〔註2〕劉獻廷，《廣陽雜記》，卷2。

宛傳》說：

> 身毒國，……其人民乘象以戰。〔註3〕

《舊唐書‧眞臘國傳》亦說：

> 眞臘國，……有戰象五千頭，尤好者飼以飯肉。與鄰國戰，則象隊
> 在前，於背上以木作樓，上有四人，皆持弓箭。〔註4〕

但是此種戰法，並不一定有利，甚至成爲戰敗的主因。《隋書‧劉方傳》說：

> 隋煬帝大業元年（西元605年）正月，軍至海口，林邑王梵志遺兵
> 守險，（劉）方擊走之。師次闍黎江，賊據南岸立柵，方盛陳旗幟，
> 擊金鼓，賊懼而潰。既渡江，行三十里，賊乘巨象，四面而至。方
> 以弩射象，象中創，却蹂其陣，王師力戰，賊奔於柵，因攻破之，
> 俘馘萬計。〔註5〕

顯然隋將劉方戰勝原因，在於用弓劍射中敵人的大象，致使大象痛得不聽指揮，反而踐踏敵人自己的陣營。

由此可知，令士兵騎乘於象背上的戰法，並不一定妥當。《宋史》南漢〈劉鋹傳〉亦說：

> 宋太祖開寶三年（西元970年）十二月，（潘）美等攻韶州，都統李
> 承渥以兵數萬陣蓮華山下。初，（劉）鋹教象爲陣，每象載十數人，
> 皆執兵仗，凡戰必置陣前，以壯軍威。至是與美遇，美盡索軍中勁
> 弩布前以射之，象奔踶，乘象者皆墜，反踐承渥軍，遂大敗，承渥
> 僅以身免。〔註6〕

可見以象群爲陣，雖可壯大軍威，具有威嚇作用，但是士兵如從象背上摔下來，或是大象被弓箭射中，以致於不聽使喚，胡亂奔跑，後果就不堪設想了。

以大象爲戰，另有較特殊的戰法，就是將刀刃綁於象鼻上，可增加戰鬥的殺傷力。《魏書‧乾陀國傳》說：

> 乾陀國，……其王……好征戰，……有鬥象七百頭、十人乘一象，
> 皆執兵仗，象鼻縛刀以戰。〔註7〕

〔註3〕司馬遷，《史記》，卷123，大宛列傳第63。
〔註4〕劉昫，《舊唐書》，卷197，列傳第147，南蠻、西南蠻，眞臘國傳。
〔註5〕魏徵，《隋書》，卷53，列傳第18，劉方。
〔註6〕脫脫，《宋史》，卷481，列傳第240，世家4，劉鋹。
〔註7〕魏收，《魏書》，卷102，列傳第90，西域，乾陀國。

象鼻本身即靈活有力，如再綁上刀刃，當然更有威力，但是如被敵方弓箭射中的話，那就不一定可獲勝了。

大象除了用來做爲戰爭工具外，我國古代也曾以大象來增加朝儀嚴肅的氣氛，清人蔣繼洙編修《廣信府志》，提到明代的史事，說：

> 朝儀，每日早朝午門外，用象六隻夾階而立，候左右掖門啓鑰，象始下朝，見者乃肅儀而拜，此常儀也。〔註8〕

另外，古代帝王出巡，有時候也會以大象爲前導，《西京雜記》說：

> 漢朝輿駕……象車鼓吹十三人中道，……。〔註9〕

可知漢代帝王外出時的車隊，曾用象車爲前導，不僅可增加威勢，另一作用是以大象的重量，來試探橋面所能承擔的程度，以便保障帝王的生命安全。晉人傅暢《晉諸公讚》說：

> 晉時，南越致馴象，於阜澤中養之，爲作車黃門鼓吹數十人，令越人騎之。每正朝大會，皆入充庭，帝行則以象車導引，以試橋梁。〔註10〕

可見早在晉代，就有將南越送來的大象，造成象車，行於皇帝隊伍之前，以試探橋梁是否堅固的事情了。

古代大象有時被用來作爲處罰罪犯的工具，《南史・林邑國傳》說：

> 其王者……出則乘象，……國不設刑法，有罪者使象蹋殺之。〔註11〕

《新唐書・環王國傳》說：

> （環）王……不設刑，有罪者使象踐之。〔註12〕

大象體軀碩重，罪犯被其踐踏，當然無法活命。甚至於還有以象鼻將罪犯捲拋至空中，再以象牙接殺的刑罰，唐人張鷟《朝野僉載》說：

> 安南有象能知人曲直，有鬥訟者，行立嗅之，有理者，即過，負心者，以鼻卷之，擲空中數丈，以牙接之，應時碎矣，莫敢競者。〔註13〕

竟有大象如此靈異，能知人類的善惡，而予以處罰。

〔註 8〕蔣繼洙，《廣信府志》。
〔註 9〕劉歆，《西京雜記》，卷5。
〔註10〕徐堅，《初學記》，卷29，錄有晉人傅暢〈晉諸公讚〉。
〔註11〕李延壽，《南史》，卷78，列傳第68，夷貊上，林邑國。
〔註12〕歐陽修，《新唐書》，卷222下，列傳第147下，南蠻下，環王國。
〔註13〕張鷟，《朝野僉載》，卷6。

　　大象體軀雖然龐大，但是如果加以馴服和訓練，也可使其舞蹈，取悅人類。唐人劉恂《嶺表錄異》說：

　　　　蠻王宴漢使，於百花樓前設舞象，曲樂動，倡優引一象，以金羈絡

　　　　首，錦襠垂身，隨膝騰踏，動頭搖尾，皆合節奏。〔註14〕

大象居然能隨著音樂節拍跳舞，因此在古代常由屬國朝貢於中國。《舊唐書·德宗本紀》說：

　　　　唐代宗大曆十四年（西元 779 年）閏（五）月丁亥，詔文單國所獻

　　　　舞象三十二，令放荊山之陽。〔註15〕

可知在唐代，飼有屬國所獻的舞象，而且多達三十二頭，不禁令人遙想起，當時唐代宮廷中重要的宴會，這些大象可能發揮過愉悅佳賓的效用吧！

　　　　　（中央日報副刊，第十七版長河版，民國七十九年十月十三日）

〔註14〕劉恂，《嶺表錄異》，卷上。

〔註15〕劉昫，《舊唐書》，卷12，本紀第12，德宗上。

一九、一日射兔三百一十八
——清代皇帝的箭法

滿清本是居於東北的射獵民族，射箭爲其求生存的基本重要技能。至入
關建國後，因爲不必再過著專於射獵的生活，因此八旗士卒逐漸疏於練習，
《清史稿・世祖本紀》提到順治十四年（西元 1657 年）曾下諭說：

> 我國家之興，治兵有法。今八旗人民怠於武事，遂至軍旅隳敝，不
> 及曩時。〔註1〕

在這種情況下，爲了不使皇室子弟的生活也趨於腐化，因此在各方面仍然予
以嚴格的要求，射箭的訓練當然也不例外，乃塑造出清代皇帝有數位是射箭
的高手。

例如清聖祖即擁有高超的射箭本領，徐珂《清稗類鈔》〈聖祖射獲諸獸〉
條說：

> 清聖祖康熙二十二年（西元 1683 年），聖祖西巡，去臺懷數十里，
> 突有虎隱見叢薄間，上御弧矢，壹發殪之。父老皆歡呼曰：「是爲害
> 久矣，鑾輿遠臨，猛獸用殛，殆天之所以除民害也。」因號爲射虎
> 川。〔註2〕

一箭即將猛虎射殺。可見聖祖箭法既準確又強勁有力，難怪當地父老咸認爲
皇帝遠來射死老虎，乃天意爲民除害。同條又有記載：

> 易州西南，有北魏太武御射三碑，自誇飛矢逾崖，刊石讚功，至於

〔註 1〕 《清世祖章皇帝實錄》，卷 106。
〔註 2〕 徐珂，《清稗類鈔》，技勇類，聖祖射獲諸獸。

再三。是役御駕過此，勒馬而射，連發三矢，直逾峰巔。居民遂呼
其地曰三箭山。〔註3〕

可見聖祖不僅射箭精準，也可射得很遠。

關於聖祖這種高明的射箭能力，據徐珂《清稗類鈔》〈聖祖射獲諸獸〉條
說：

聖祖……力能挽強，每用十二把長箭，圍中射鹿，率貫腋洞胸。
〔註4〕

其臂力之強，由此可見，因此在圍場行圍打獵，射鹿常箭穿胸腋。另據《清
聖祖仁皇帝實錄》康熙三十五年（西元 1696 年）三月戊辰條說：

是日，上出行宮，令喀爾喀貝子盆楚克等射，射畢，上親率諸皇子
并侍衛等射，上連發五矢俱中，兩翼侍立蒙古諸王、台吉及貝子盆
楚克等皆驚異，讚美曰：「射之神奇有如此耶？皇上英武，誠邁世
矣。」於是眾皆跪請視皇上之弓，上笑以所持弓授親近侍衛吳什傳
示，眾皆遞相控引，竟不能張。乃復相顧驚嘆曰：「如此勁弓，如何
引滿耶？」〔註5〕

這種幾近神奇的射箭功夫，當然會使蒙古諸王大為驚訝，而傳閱聖祖所持的
弓，竟也都無法將那把弓張滿。

聖祖的射箭技能既然高人一等，因此每一次打獵都能大有斬獲，《大清會
典事例》卷七○八即提到聖祖晚年曾諭近御侍衛諸臣說：

朕自幼至今，凡用鳥槍弓矢，獲虎一百三十五、熊二十、豹二十五、
猞猁猻十、麋鹿十四、狼九十六、野豬一百三十二、哨獲之鹿凡數
百，其餘圍場隨便射獲諸獸不勝紀矣。朕曾一日內射兔三百一十八，
若庸常人，畢世亦不能及此一日之數也。〔註6〕

這等於是聖祖一生打獵的成績單，相當嚇人，當然每一次打獵，都會有隨從
人員幫忙他，使其能在行圍中順利獵殺這些動物，但是已足以說明其箭法和
槍法是不同凡響的。

清高宗的箭法也十分高明，曾下令在宮內建造箭亭一座，其格式很特
別，沒有一扇窗戶，只在南北開有八槽大門，南五槽北三槽，每槽有四個隔

〔註3〕 註同前。
〔註4〕 同註2。
〔註5〕 《清聖祖仁皇帝實錄》，卷170。
〔註6〕 《大清會典事例》，卷708。

—86—

扇門，共三十二個，高宗與仁宗均曾在此射過箭。據《清宮遺聞》〈乾隆帝善射〉說：

> 上最善射，每夏日引見武官畢，即在宮門外較射，秋出塞亦如之。射以三番爲率，番必三矢，每發輒中圓的，九矢率中六七。己巳歲十月，偶在大西門前射九矢，九中，錢東麓（汝誠）歎爲異事，作聖射記進呈，不知聖藝優嫻，每射皆如此，不足爲異也。〔註7〕

又據清人昭槤《嘯亭雜錄》說：

> 己巳秋，上習射苑門側，發二十矢，中者十九，侍班諸臣無不悅服，齊侍郎召南曾紀以詩，上賜和其韻，即令鐫諸壁上以示武焉。〔註8〕

可見高宗也是善於射箭的清代皇帝。

由於高宗善射，因此經常至圍場打獵，甚至於在七十九歲之年，仍至木蘭圍場的巴顏和樂圍場打獵，據乾隆五十九年御製木蘭秋獮詩〈巴顏和樂行圍即事〉說：

> ……命中鹿三矢未空，將至八旬猶策馬……。〔註9〕

高宗在詩中說射倒了三隻大鹿，箭囊內的箭尚未用完，而且年近八十，他還能騎馬。眞是一位老當益壯的皇帝。

在前述高宗所建的箭亭，立有其當年敕令建亭親筆諭旨的石碑，告誡子孫及滿清貴族要「操演技勇，時時練習騎射」，並「永垂法守」。因此在宣宗幼年即被祖父（高宗）訓練出一手射箭的好功夫。據《清稗類鈔》〈宣宗連中三矢〉條說：

> 乾隆己酉，高宗秋獮木蘭，宣宗以諸皇孫隨扈，時聖齡方十歲。一日，至張家灣行宮，上親率諸王校射，宣宗侍側，俟諸王射畢，亦御小弓矢，連發，中其二，上大喜，拊其頂曰：「兒能連中三矢，當以黃馬褂爲賚。」果三中之，即置弓矢，跪上前，上問所欲，不對，亦不起，上大笑曰：「吾知之矣。」因命侍臣取黃褂衣之，倉卒間不得小者，即以成人之衣被之，及謝恩起，而裾長拂地，不能行，乃命侍衛抱以歸。〔註10〕

這段有關清代皇帝打獵的軼事，眞是有趣，高宗與當時年僅十歲的孫子宣宗

〔註7〕 小橫香室主人，《清宮遺聞》，卷1，乾隆帝善射。

〔註8〕 昭槤，《嘯亭雜錄》，卷1，西苑門習射。

〔註9〕 《御製詩集》，5集，卷50。

〔註10〕 徐珂，《清稗類鈔》，技勇類，宣宗連中三矢。

打賭，是否第三枝箭也能射中箭靶，結果宣宗贏了，高宗不得已在倉卒間拿大人的黃馬褂作為賞賜，可是因為太長，只好命侍衛把他抱回家。可見宣宗也像聖祖與高宗一樣，都是射箭的高手。

（中央日報副刊，第十七版長河版，民國七十九年十一月十四日）

二○、通宵達旦的馬行街
——宋代的夜市小吃

　　由於我國古代都市有禁止夜行的規定，因此夜市不容易形成。但是隨著經濟的繁榮、都市的發達、人口的增加以及民生的需要，至唐代中葉，江南某些商業都市，例如揚州、金陵、蘇州、杭州等，在晚上仍有絹帛、茶葉、藥草、青菜的買賣，因此在唐代已初具夜市的雛型。還有，唐代的夜晚，也有娼樓、酒肆的經營，但是這種紙醉金迷的夜市，並非一般老百姓都有能力參與。因此本文所要介紹的是，真正能迎合大家需要的宋代夜市，其熱鬧的程度和分布的普遍均是當時中國以往各代所未有過的。至於娼樓、酒肆在夜晚熱鬧的景象與盛況，本文則擬不予以敘述。

　　首先讓我們來看看南宋孟元老《東京夢華錄》中，追述北宋首都汴梁（開封）的夜市情形。該書卷三〈馬行街鋪席〉說：

　　　　夜市直至三更盡、纔五更又復開張。如要鬧去處，通曉不絕。〔註1〕
這是名副其實的夜市。

　　在汴梁夜市的各行各業中，以飲食業最受人們歡迎，《東京夢華錄》卷二〈州橋夜市〉說：

　　　　出朱雀門，直至龍津橋。自州橋南去，當街水飯、燻肉、乾脯。……梅家、鹿家鵝、鴨、雞、兔、肚肺、鱔魚、包子、雞皮、腰腎、雞碎，每箇不過十五文。……至朱雀門，旋煎羊、白腸、鮓脯、**爊凍**魚頭、薑豉**剩**子、抹臟、紅絲、批切羊頭、辣腳子，薑辣蘿蔔。夏

〔註1〕 孟元老，《東京夢華錄》，卷3，馬行街鋪席。

> 月麻腐雞皮、麻飲細粉、素簽沙糖、冰雪冷元子、水晶皂兒、生淹
> 水木瓜、藥木瓜、雞頭穰沙糖、菉豆、甘草冰雪涼水、荔枝膏、廣
> 芥瓜兒、鹹菜、杏片、梅子薑、萵苣笋、芥辣瓜兒、細料餶飿兒、
> 香糖果子、間道糖荔枝、越梅、鏇刀紫蘇膏、金絲黨梅、香棖元,
> 皆用梅紅匣兒盛貯。冬月盤兔、旋炙豬皮肉、野鴨肉、滴酥水晶鱠、
> 煎夾子、豬臟之類,直至龍津橋須腦子肉止,謂之雜嚼,直至三
> 更。〔註2〕

從這一大段引文中,使我們不禁想到該城夜市中,飲食店舖所賣的東西竟有
這麼多種,而且冬夏各賣不同的食物,分得很清楚,可見北宋時期人們對飲
食的享受是相當講究的。

前引書卷三〈馬行街舖席〉又提到:

> 尋常四梢遠靜去處,夜市亦有燋酸豏、豬胰、胡餅、和菜餅、獾兒、
> 野狐肉、果木翹羹、灌腸、香糖果子之類。冬月雖大風雪陰雨,亦
> 有夜市:剗子薑豉、抹臟、紅絲、水晶膾、煎肝臟、蛤蜊、螃蟹、
> 胡桃、澤州餳、奇豆、鵝梨、石榴、查子、榅桲、糍糕、團子、鹽
> 豉湯之類。〔註3〕

在偏遠的角落以及大風雨雪的冬季,還是可以在夜市中買到這麼多種的東
西,顯然汴梁城內的夜市分布得很普遍。

既然人們喜歡到夜市走動,因此在熱鬧的地方常有人群與車馬爭路的現
象,前引書卷三〈馬行街北諸醫舖〉說:

> 夜市北州橋又盛百倍,車馬闐擁,不可駐足。〔註4〕

這種夜市繁榮的景象,可想而知生意應是不錯,以致於作買賣的人為了想多
賺一些錢,常常經營至三更才收攤。

接著我們來看看南宋臨安(杭州)的夜市,南宋吳自牧《夢粱錄》卷十
三〈夜市〉說:

> 杭城大街,買賣晝夜不絕,夜交三四鼓,遊人始稀。五鼓鐘鳴,賣
> 早市者又開店矣。〔註5〕

可見其盛況並不輸給北宋的汴梁。臨安的夜市當然也是以賣飲食的行業居

〔註2〕 書同前,卷2,州橋夜市。
〔註3〕 同註1。
〔註4〕 書同前,卷3,馬行街北醫舖。
〔註5〕 吳自牧,《夢粱錄》,卷13,夜市。

多。前引〈夜市〉條中，就有提到臨安夜市販賣的菜色，約在五、六十種以上。而同書卷十三〈天曉諸人出市〉又說：

> 最是大街一兩處麵食店，及市西坊西食麵店，通宵買賣，交曉不絕。〔註6〕

另外，耐得翁《都城紀勝》〈食店〉亦說：

> 其餘店鋪夜市不可細數，如豬胰、胡餅，自中興以來，只東京臟三家一分，每夜在太平坊巷口，近來又或有傚之者。〔註7〕

因為好吃的東西最能吸引人們來品嚐，因此夜市中的飲食業最受歡迎。

有些在夜市作買賣的生意人，沒有屬於自己的店鋪，只好做個流動的攤販，《夢粱錄》卷十六〈茶肆〉說：

> 夜市于大街有車擔，設浮鋪，點茶湯，以便遊觀之人。〔註8〕

《都城紀勝》〈食店〉則說：

> 夜間頂盤挑架者，如鶉鶉餶飿兒、焦䭔、羊脂韭餅……之類。遍路歌叫，都人固自為常。〔註9〕

一方面是因自己沒有店鋪，另方面是為了方便遊觀的人群前來購買，因此以推車當作「浮鋪」，就好像流動的店鋪一樣，機動性的到處販賣。另有些人是頭頂盤子，或肩挑擔子沿街叫賣，甚至用唱歌的方式來叫賣，以便招攬更多的顧客。

當然在夜市中，並不是只賣吃的東西，各行各業都有，像前引《夢粱錄》〈夜市〉條，除記載臨安的夜市，飲食的菜色有五、六十種之外，其他民生用品以及玩具就有四、五十種。而《都城紀勝》〈市井〉也說：

> 其夜市除大內前外，諸處亦然，惟中瓦前最盛，撲賣奇巧器皿百色物件，與日間無異。〔註10〕

可見各色各樣的東西均在該城的夜市中可以買得到，就如同白天的市場一樣。

（中央日報副刊，第十七版長河版，民國七十九年十二月二十五日）

〔註6〕書同前，卷13，天曉諸人出市。
〔註7〕耐得翁，《都城紀勝》，食店。
〔註8〕同註5，卷16，茶肆。
〔註9〕同註7。
〔註10〕同註7，市井。

二一、清代的冰上活動
——拖床、踢足球、打滑撻

　　冰上活動在我國古代稱爲冰嬉或冰戲。每當嚴冬來臨，江河結冰後，人們常在冰上作各種活動，頗有樂趣。

　　有一種叫拖（托）床（也叫冰床、冰排子）的冰上活動，在明代即很流行，呂毖《明宮史》說：

　　　　冬至河凍，可拖牀，以木作平板，上加交牀或蒿薦，一人在前引繩，

　　　　可拉三、二人，行冰上如飛。〔註1〕

也就是冬天江河的水結凍後，人們在木板上擺著坐具或草席，由人用繩子往前拉，稱作拖床，可搭乘兩三人，在冰上前進，速度如飛。至清代，有許多關於拖床的記載，例如富察敦崇《燕京歲時記》〈拖牀〉說：

　　　　冬至以後，水澤腹堅，則十刹海、護城河、二閘等處皆有冰牀。一

　　　　人拖之，其行甚速，長約五尺，寬約三尺，以木爲之，腳有鐵條，

　　　　可坐三、四人。雪晴日暖之際，如行玉壺中，亦快事也。〔註2〕

另外，潘榮陞《帝京歲時紀勝》〈冰床滑擦〉說：

　　　　太液池之五龍亭前，中海之水雲榭前，寒冬冰凍，以木作牀，下鑲

　　　　鋼條，一人在前引繩，可坐三四人，行冰如飛，名曰托牀。……都

　　　　人於各城外護城河下，群聚滑擦（溜冰），往還亦以托牀代渡。更將

　　　　托牀結連一處，治酌陳餚於上，歡飲高歌，兩三人牽引，便捷如飛，

〔註1〕呂毖，《明宮史》，卷1。
〔註2〕富察敦崇，《燕京歲時記》，拖牀。

較之坐驥乘車，遠勝多矣。〔註3〕

可見當時拖床也可做為交通工具，甚至於在其上飲酒作樂。

有些地方移動冰床，是用鐵頭篙子撐地滑行，而不是用繩子拉動，清代張燾《津門雜記》提到天津人在冬天乘坐冰床的情形說：

> 冰牀，又名托牀，俗呼冰排子，其形如牀，可容三、四人。高僅半尺餘，上鋪草簾，底嵌鐵條，取其滑而利行。人坐其上，一人支篙撐之，馳驟甚速。每到天寒水凍，冰排盛行，往來密如梭織，四通八達，攸往咸宜。撐排者，例備皮襖一襲，無客則自衣禦寒，有客則奉客鋪墊，隨地僱坐。其價甚廉，如去一、二十里之遙，所費不過京蚨數十文而已，貧民食力於風天雪地中如此。〔註4〕

如果用篙子來撐冰床滑行，那就較省力了，因此成為貧民在冬天謀生的工具，而乘客坐於其上，可出外辦事，拜訪親友，亦可遊賞冬景，頗為方便。清末金桂在《點石齋畫報》中畫有〈冰上行槎圖〉，即描繪北京的達官、富紳、仕女們坐在冰床中，由撐夫撐著鐵頭篙子滑行於冰上，到處去觀賞風景。

冰上活動除拖床外，尚有很多種玩法，例如《帝京歲時紀勝》〈冰床滑擦〉又提到：

> 冰上滑擦者，所著（穿）之履，皆有鐵齒，流行冰上，如星馳電掣，爭先奪標取勝，名曰溜冰。〔註5〕

同書〈蹵鞠〉，則記載人們在冰上踢足球說：

> 金海冰上作蹵鞠之戲，每隊數十人，各有統領，分位而立，以革為毬，擲於空中，俟其將墜，群起而爭之，以得者為勝。或此隊之人將得，則彼隊之人蹴之令遠。歡勝馳逐，以便捷勇敢為能。將士用以習武，昔黃帝作蹵鞠之戲以練武，蓋取遺意焉。〔註6〕

這與今日風靡全球的足球比賽很類似，只差沒有球門而已，但是因在冰上踢足球，速度更快，當然比起來就更劇烈了。另有一種冰上活動叫做「打滑撻」，據清末陳康祺《郎潛紀聞》說：

> 禁中冬月打滑撻，先汲水澆成冰山，高三、四丈，瑩滑無比，使勇健者著（穿）帶毛豬皮履，其滑更甚。從頂上一直挺立而下，以到

〔註3〕潘榮陛，《帝京歲時紀勝》，冰牀、滑擦。
〔註4〕張燾，《津門雜記》，卷中，冰牀淩鞋。
〔註5〕同註3。
〔註6〕同註3，蹵鞠。

地不仆者爲勝。〔註7〕

這就如同今天有些較頑皮的小孩，在溜滑梯時，站著溜下來一樣，很刺激，但是也很危險。

　　清代的皇帝們很重視冰上活動，因爲其認爲不僅可供皇室觀賞，也可使士卒們習武耐勞，因此特別加以提倡。清代乾隆時官修《日下舊聞考》說：

> 西華門之西爲西苑，榜曰西苑門，入門爲太液池，……冬月則陳冰
> 嬉，習勞行賞。〔註8〕

可見清代皇帝在冬天常常觀賞冰上的活動，而且似已成爲定制。臺灣商務印書館出版的《清代宮廷生活》，敘述清代皇宮內觀賞冰嬉的盛況，在每年冬天，會從各地挑選上千名善走冰者入宮受訓，然後在太液池表演，供帝后觀賞。西苑觀冰嬉，多在北海白塔西側的慶霄樓。每到觀冰嬉日，北海四周搭起彩棚，搖彩旗，懸彩燈，十分熱鬧。慶霄樓裏燃起熊熊炭火，擺上果品酒餚。帝后坐在明淨的玻璃窗後，欣賞走冰能手表演絕技。可見帝后觀賞冰上活動，實爲當時苑中的盛事。表演的節目有很多項，其中有一項如同現代的花式溜冰，姿勢富於變化，因此名目約有哪吒探海、鷂子翻身、燕子戲水、童子拜佛、果老騎驢、鳳凰展翅、金雞獨立、退滑等多種。

　　有時候清代皇帝會到戶外來就近觀賞冰上表演，而不限於只坐在室內。如前引《清代帝王生活》，收錄有清宮廷畫家金昆等所繪的冰嬉圖，描繪清高宗坐著冰船，在侍衛的簇擁下，與王公大臣們於太液池金鰲玉蝀橋旁觀看善走冰的能手表演轅門射球等滑冰技術。共計有一百多位背著弓箭或旗幟的滑冰者，沿著彎曲的冰道快速滑行，動作各有不同，甚至有多位是倒退滑。其中有數位滑至轅門附近，正張弓準備把箭射向掛於門上的球。

　　關於清代皇帝觀賞冰上表演，在小橫香室主人所編《清宮遺聞》〈宮闈歲時紀六〉有較詳細的記載：

> 冰嬉之制，所以習武行賞，俗謂跑冰鞵，即金鼇退食記所載，西苑
> 冰上擲毬之戲，而實不止擲毬一事。歲十二月，西苑三海，層冰堅
> 沍，於是擇令辰，聖駕御冰牀臨觀焉。〔註9〕

當時表演者所穿的「冰鞵以一鐵直條嵌鞵底中，作勢一奔，迅如飛羽」。第一

〔註7〕陳康祺，《郎潛紀聞》，卷12。
〔註8〕英廉，《日下舊聞考》，卷21，國朝宮室。
〔註9〕小橫香室主人，《清宮遺聞》，卷2，宮闈歲時紀6。

項節目叫搶等，即是在離皇帝所坐的冰床二、三里外，立一大纛（旗），令許多士兵排列於該處，由皇帝鳴竹爆，立旗處也鳴竹爆回應，士兵們即開始爭先恐後地飛奔而來，接近皇帝所坐的冰床時，有一些御前侍衛會將這些士兵拉住，使其停止下來，名列頭等、二等者都有獎賞。第二項節目是搶毬，由士兵分左右兩隊，左隊穿紅衣、右隊穿黃衣，各排一列，皇帝的御前侍衛將毬踢至場地中間，兩隊即開始搶毬，搶到毬的一方獲勝，然後再擲出，繼續搶毬。第三項節目是轉龍射毬，表演者按清軍八旗的顏色排列，由一人執小旗前導，二人執弓矢隨於後，如執旗者有一、二百人，則執弓矢者即多一倍，均盤旋曲折滑行於冰上，遠看有如彩龍蜿蜒而行一般。在靠近皇帝坐的地方設有旗門，上懸一毬，叫做天毬，下懸一毬，叫做地毬，執弓矢的兩位士兵滑近時，一位射天毬，另一個射地毬，射中者有賞。在隊伍的最後面，是由幼童執旗做為龍尾。

談到此，我們可以知道清代皇帝在冬天的休閒遊樂生活，其實是非常多采多姿的。

（中央日報副刊，第十七版長河版，民國八十年一月二日）

二二、清代規模最大的筵宴
——「千叟宴」邀年長者同樂

清代宮中筵宴，儀式繁縟，名目很多，其中規模最大要算是由內務府辦的千叟宴了。這種千叟宴，在清代只有聖祖、高宗、仁宗三朝舉行過，而仁宗朝舉行時，高宗還在世，又是由高宗親自授命的，因此實際上，在清代只有聖祖與高宗兩位皇帝舉行過千叟宴。

所謂千叟宴，當然是指宴請千位老人，但是根據史書上的記載，清代四次的千叟宴，人數都在千位以上，甚至多達三、五千位。

清代第一次千叟宴，是爲了慶賀聖祖六旬萬壽而舉行的，地點在暢春園，時間則爲康熙五十二年（西元 1713 年）三月，當時因爲從全國各省前來京城祝賀萬壽的老人很多，聖祖爲表示感謝，乃在三月甲午（十七日），下諭將賜予筵宴。據《清聖祖仁皇帝實錄》卷二五四記載此諭，說：

今歲天下老人，爲朕六旬大慶，皆從數千里匍匐而來。如何令其空歸，欲賜伊等筵宴，然後遣回。〔註1〕

至於宴請的對象，則指示「著查八旗滿洲、蒙古、漢軍、漢人、大學士以下，民以上，年逾六十五歲者。……再查八旗滿洲、蒙古、漢軍，以至包衣佐領下，不論官員閒散人等，年七十以上老婦，亦著奏聞。俟老人賜宴後，再定一日，送至皇太后宮賜宴。」〔註2〕

聖祖對於此次筵宴設想得很週到，因此在諭文中又提到「在本月二十

〔註1〕 《清聖祖仁皇帝實錄》，卷 254。
〔註2〕 同註1。

二、三兩日內，擇定一日賜宴，預爲奏聞，便於備辦」。〔註3〕甚至對於行動不便或貧乏而不能前來參加筵宴的老人們，他也指示說：「內有艱於動履，不能前來者聽之。其能來者，俱令之來。即不能來者，朕另行按分頒給。……若有貧乏不能來者，著各屬協助車馬，使之前來。俱開眞實年歲，不可捏報。」〔註4〕

至壬寅（二十五日）那天，聖祖先宴請「直隸各省漢大臣、官員、士庶人等，年九十以上者，三十三人；八十以上者，五百三十八人；七十以上者，一千八百二十三人；六十五以上者，一千八百四十六人」，〔註5〕共計四千二百四十人。同時，聖祖爲了表示宴請老人乃是出於誠意，特別在舉行筵宴之前，傳諭來參加的老人們：「今日之宴，朕遣子孫宗室，執爵授飲，分頒食品；爾等與宴時，勿得起立，以示朕優待老人至意。」〔註6〕竟然派遣其子孫宗室爲老人們執酒器，倒酒、送食物，並且允許可與皇帝平坐，顯見聖祖此次的賜宴，確實很厚待老人。甚至於當他「陞（登）座」時，「命扶掖八十歲以上老人，至御前親視飲酒」。〔註7〕

至於宴請老婦，是在乙巳（二十八日）舉行，當日「八旗滿洲、蒙古、漢軍，七十歲以上婦人，齊集暢春園皇太后宮門前」，〔註8〕然後「隨召九十歲以上者，入宮門內；八十歲以上者，至丹墀（宮殿階上地）下；七十歲以上者，集宮門外；大臣妻年老者，亦皆召至宮門內，賜坐」。〔註9〕其禮儀也是相當隆重，由皇太后、皇上親視頒賜茶果酒食等物，其餘令諸皇子率宗室子，以次頒給，又賜大臣妻，衣飾綵緞素珠銀兩。〔註10〕

清代的第二次千叟宴是在康熙六十一年（西元1722年）正月舉行，據《清聖祖仁皇帝實錄》卷二九六記載，聖祖分別在戊子（二日），辛卯（五日）兩天，「召八旗滿洲、蒙古、漢軍文武大臣官員，及致仕退斥人員，年六十五以上者，六百八十人」，〔註11〕又「召漢文武大臣官員，及致仕退斥人員，年六

〔註3〕同註1。
〔註4〕同註1。
〔註5〕同註1，頁15。
〔註6〕同註5。
〔註7〕同註5。
〔註8〕同註1，頁17。
〔註9〕同註8。
〔註10〕同註1，頁18。
〔註11〕同註1，卷296。

十五以上者，三百四十人」，〔註12〕「宴於乾清宮前，命諸王、貝勒、貝子、公、及閒散宗室等，授爵勸飲，分頒食品」。〔註13〕這一次千叟宴，較特別的是，聖祖作了一首七言律詩，並命與宴滿漢大臣官員，各作詩以紀其盛，名曰千叟宴詩。〔註14〕

至乾隆五十年（西元 1785 年）正月辛亥（一日），高宗以乾隆五十年國慶，頒詔天下。據《清高宗純皇帝實錄》卷一二二二，記載其此一詔文，說：

> 朕祗承世德，敬迓鴻釐，於今五十年，壽逾古稀，……爰循祖典，
> 於上春六日，懋舉耆筵，龐眉鳩杖，集於闕廷者三千叟。〔註15〕

可見高宗準備在這一年，也來舉行一次盛大的千叟宴，以資慶祝。

到了丙辰（六日）那天，高宗在乾清宮，「賜千叟宴，親王、郡王、大臣官員、蒙古貝勒、貝子、公、台吉、額駙、回部、番部、朝鮮國使臣，暨士商兵民等，年六十以上者三千人皆入宴」。〔註16〕可是這次千叟宴，不僅宴請的對象和聖祖時期不太一樣，而且在禮儀上嚴格要求以君臣之禮進行，不能與皇帝平坐，反而必須行跪叩禮，甚至在頒賞如意、壽杖、繪綺、貂皮、文玩、銀牌等物時，王公大臣以下都要跪領，退至乾清門外後，尚須行三跪九叩禮。

至乾隆六十年（西元 1795 年）十月癸卯（二十六日），高宗又準備舉行千叟宴，其用意據《清高宗純皇帝實錄》卷一四八九，記載當日所下的諭文，說：

> 康熙年間，曾舉行千叟宴，與天下臣民，躋壽寓而迓繁禧，爲千載
> 一時之嘉會。朕誕膺丕緒，……曾於乾隆五十年乙巳，恭照皇祖千
> 叟宴，舉行盛典，迄今已逾十年，……明歲丙辰，紀元周甲，躬舉
> 授受上儀，尤屬曠古所未有，……允宜再啓耆筵，以紀重光之盛。
>
> 〔註17〕

也就是在明年舉行授受大典，傳位給仁宗後，高宗希望再舉行一次千叟宴以

〔註12〕 同註11。
〔註13〕 同註11。
〔註14〕 同註11。
〔註15〕 《清高宗純皇帝實錄》，卷 1222。
〔註16〕 同註15。
〔註17〕 同註15，卷 1489。

為慶賀。

但是這一次千叟宴，高宗特別指示來參加筵宴的老人，其年紀必須在七十歲以上，因為他認為「前次乙巳，朕壽七旬有五，是以六十歲以上者，俱令預宴。明年朕壽八旬開六，若仍照前次六十以上，即准入宴，年齒皆如兒輩，長幼懸殊，轉為未協，此次應自七十歲以上准其入宴」。〔註18〕原來其理由只是為了怕所邀來的老人們，與他已八十六歲的年紀相差太多，不太妥當，因此提高年齡的標準。

可惜清代自嘉慶以後，國勢日衰，國力漸弱，而且後來皇帝的年壽也都不如聖祖、高宗二帝長命，因此直至清末均未再舉行千叟宴。

（中央日報副刊，第十七版長河版，民國八十年二月二日）

〔註18〕同註17。

二三、宋代何以火災頻傳？
——消防隊軍巡鋪的救災行動

南宋吳自牧《夢粱錄》〈防隅巡警〉條說：

> 臨安（杭州）城郭廣闊，戶口繁夥，民居屋宇高森，接棟連居，寸
> 尺無空，巷陌壅塞，墻道狹小，不堪其行，多爲風燭之患。〔註1〕

可見我國古代在人口密集的城市，由於房屋緊密相接，而且大多是木造、竹
造或版築，因此比較容易發生火災，蔓延迅速，造成嚴重災害，被燒的屋舍
往往成千上萬，慘不忍睹。《宋史・五行志》有如下的記載：

> （北宋仁宗）明道元年（西元1032年）八月壬戌，……是夜，禁中
> 火，延燔崇德、長春、滋福、會慶、延慶、崇徽、天和、承明八
> 殿。……（徽宗）重和元年（西元1118年）九月，掖庭大火，自甲
> 夜達曉，大雨如傾，火益熾，凡爇五千餘間，後苑廣聖宮及宮人所
> 居幾盡，焚死者甚眾。……（南宋）寧宗嘉泰元年（西元1201年）
> 三月戊寅，行都（杭州）大火，至于四月辛巳，燔御史臺、司農
> 寺、將作軍器監、進奏文思御輦院、太史局、軍頭皇城司、法物
> 庫、御廚、班直諸軍壘，延燒五萬八千九十七家，城內外互十餘
> 里，死者五十有九人，踐死者不可計。城中廬舍九燬其七，百官多
> 僦舟以居。〔註2〕

竟有如此慘重的火災，燒毀房屋五萬多家，逼得百官只好住到船上去，因此
宋代政府爲了預防火災、救撲火災，特別組成消防隊。

〔註1〕吳自牧，《夢粱錄》，卷10，防隅巡警。
〔註2〕脫脫，《宋史》，卷63，志第16，五行2上。

　　宋代的消防組織，據南宋孟元老《東京夢華錄》〈防火〉條，敘述北宋首都汴梁（開封）城內的消防隊，是「每坊巷三百步許，有軍巡鋪屋一所」，每一屋駐守「鋪兵五人」，負責「夜間巡警及領公事」。「又於高處磚砌望火樓，樓上有人卓望」，在望火樓「下有官屋數間，屯駐軍兵百餘人」，並存放有「救火家事（工具）」，例如「大小桶、洒子、麻搭、斧鋸、梯子、火杈、大索、鐵貓兒之類。」「每遇有遺火去處，則有馬軍奔報軍廂主」，也就是每當某處發生火災時，士卒即騎馬快速轉報鋪中駐軍長官，率鋪兵攜帶滅火工具，趕往撲救，並通知「馬、步軍、殿前三衙、開封府各領軍汲水撲滅，不勞百姓」。〔註3〕可見我國早在一千年前，已有這種組織健全的專職消防隊了。

　　南宋建都臨安（杭州），據明代田汝成《西湖遊覽志餘》說：

> 杭城多火，宋時已然。其一，民居稠比，竈突連綿；其二，板壁居多，磚垣特少；其三，奉佛太盛，家作佛堂，徹夜燒燈，幡幢飄引；其四，夜飲無禁，童婢酣倦，燭燼亂拋；其五，婦女嬌惰，籌籠失檢。〔註4〕

這是宋代杭州城內經常發生火災的原因，因此在當地也成立消防組織，據《夢梁錄》〈防隅巡警〉條說，「官府坊巷，近二百餘步，置一軍巡鋪，以兵卒三五人為一鋪」，同時「于諸坊界置立防隅官屋，屯駐軍兵，及於森立望樓，朝夕輪差，兵卒卓望，如有烟燄處，以其幟指其方向為號，夜則易以燈」，〔註5〕也就是在街坊交界處設有撲救火災的屯駐屋舍，並立有瞭望樓，派人早晚輪流值班，如有火災發生，即以旗幟指示方向，夜晚則以燈代替。另外，同書〈帥司節制軍馬〉條，提到防火、滅火的「防虞器具、桶、索、旗號、斧、鋸、燈籠、火背心等器具，俱是官司給支官錢措置，一一俱備」。而且「遇有救撲，百司官吏，便整隊伍，……聽行調遣，不勞百姓餘力，便可撲滅。……若救火軍卒重傷者，所在差官相視傷處，支給犒賞，差醫胗治」。〔註6〕

　　由以上所述看來，宋代的救火組織，尚稱周全。但是所使用的工具畢竟仍很簡陋，而且《宋會要輯稿》〈火災〉條說，救撲火災的士卒「其持桶以取

〔註3〕 孟元老，《東京夢華錄》，卷3，防火。
〔註4〕 田汝成，《西湖遊覽志餘》，第25卷，委巷叢談。
〔註5〕 同註1。
〔註6〕 同註1，帥司節制軍馬。

水者，姑以空桶往來，其拆屋以斷火路者，則邀索錢物以待火至；至於燒及
酒庫，則又搶酒恣飲，更無紀律。」〔註7〕如果弊端嚴重至此地步，那麼救撲
火災的效果就大為減低，也違背了宋代政府成立消防隊的本意。

（中央日報副刊，第十七版長河版，民國八十年三月一日）

〔註 7〕徐松，《宋會要輯稿》，第 52 冊，卷 11942，瑞異 2。

二四、唐明皇愛鬥雞成痴
——唐明皇的遊藝活動

　　唐明皇就是唐玄宗，他即位之初，正是唐代的極盛時期，政治安定、社會繁榮、經濟富庶。因此民間的遊藝活動名目很多、範圍廣泛。連皇帝本人也對遊藝活動產生很大的興趣，時常有觀賞之舉，甚至於親自參與，盡情地享受娛樂節目的情趣。現在就讓我們來看看唐明皇比較常接觸的幾項遊藝活動。

　　唐代的打毬，有一種是騎在馬上來打的，類似於現代流行的馬毬或曲棍毬，唐明皇尤其擅長這種毬技。唐人封演《封氏聞見記》，說：

> 景雲中，吐蕃遣使迎金城公主，中宗于梨園亭子賜觀打毬。吐蕃贊咄奏言：「臣部曲有善毬者，請與漢敵。」上令仗內試之，決數都吐蕃皆勝。時元宗（唐玄宗、唐明皇）為臨淄王，中宗又令與嗣虢王邕、駙馬楊慎交、武秀等四人敵吐蕃十人。元宗東西驅突，風回電激，所向無前，吐蕃功不獲施。……開元天寶中，元宗數御樓觀打毬。為事能者左縈右拂，盤旋宛轉殊可觀。〔註1〕

可見唐明皇在臨淄王時期，是打毬的國手，當唐代宮廷的毬隊打輸吐蕃時，中宗即派出王牌，以唐明皇等四人與吐蕃十人毬隊比賽，只見唐明皇高超的球技，如風如電地所向無阻。至其即天子位後，也常御臨觀賞毬賽。

　　戴竿是由上竿演變而來，上竿者是以長竿立於地或車立，令幼童緣竿而上，表演各種技藝，而戴竿卻是由壯漢擎舉長竿，不立於地。此種戴竿戲，

〔註1〕封演，《封氏聞見記》，卷6，打毬。

表演起來相當不容易且危險。唐人鄭處誨《明皇雜記》所提到的戴竿人，竟然是一位女子，他說：

> 玄宗御勤政樓，大張樂，羅列百伎。時教坊有王大娘者，善戴百尺竿，竿上施木山，狀瀛洲方丈，令小兒持絳節出入于其間，歌舞不輟。[註2]

以一女子竟能舉百尺竿，竿上更擺置戲台，由幾個小孩手持紅旗在上面歌舞，卻不會傾倒，真可謂是神技。

鬥雞這種娛樂，在我國很早即已開始，至唐代，隨著帝王的喜好，更是普及，尤其清明節於街頭巷尾均可見到人們玩鬥雞的遊戲。唐明皇本人則特別設立雞坊，由神雞童賈昌帶領五百個小孩，專門餵養訓練幾千隻雄雞。唐人陳鴻祖《東城老父傳》記載此人此事，說：

> 老父姓賈名昌，……昌生七歲，趫捷過人，能搏柱乘梁，善應對，解鳥語音。玄宗在藩邸時，樂民間清明節鬥雞戲，及即位，泊雞坊於兩宮間，索長安雄雞金毫鐵距高冠昂尾千數養於雞坊，選六軍小兒五百人，使馴擾教飼。上之好之，民風尤甚，諸王世家外戚家貴主家侯家，傾帑破產，市雞以償雞直。都中男女以弄雞為事，貧者弄假雞。帝出遊，見昌弄木雞於雲龍門道旁，召入為雞坊小兒衣食右龍武軍。三尺童子入雞群如狎群小，壯者、弱者、勇者、怯者，水穀之時、疾病之候悉能知之。舉二雞，雞畏而馴，使令如人。護雞坊中謁者王承恩言於玄宗，召試殿廷，皆中玄宗意，即日為五百小兒長，加之以忠厚謹密，天子甚愛幸之，金帛之物日至其家。
> [註3]

幼年的賈昌竟然能以訓練鬥雞的才能，而得到官職、金帛，因此天下人稱他為「神雞童」。開元十三年（西元 725 年），賈昌十二歲，與父親賈忠攜三百隻雄雞，隨唐明皇至泰山行封禪。不幸，賈忠死於泰山下，明皇特下旨令賈昌送靈柩歸葬，沿途縣官均須派人相送，此一殊榮，令人稱羨不已。因此當時流傳一首「神雞童謠」，說：

> 生兒不用識文字，鬥雞走馬勝讀書。賈家小兒年十三，富貴榮華代不如。能令金距期勝負，白羅繡衫隨軟輿。父死長安千里外，差夫

〔註 2〕鄭處誨，《明皇雜錄》，卷上。
〔註 3〕陳鴻祖，《東城老父傳》，收錄於李昉，《太平廣記》，卷 485，雜傳記 2。

持道挽喪車。〔註4〕

從這一首歌謠，可以了解到賈昌得寵的情形，同時也反映出明皇對鬥雞戲喜
愛著迷的程度。

舞馬也是唐明皇很喜歡觀賞的遊藝節目，因此每年的正月十五日中元
節，或明皇的生日（八月五日）千秋節，常在勤政樓舉行遊藝會，其中就有
精彩的舞馬表演。唐人王建〈樓前〉詩，說：

天寶年前勤政樓，每年三日作千秋。飛龍老馬曾教舞，聞著音聲總
舉頭。〔註5〕

此詩提到天寶年間勤政樓前，每當千秋節總有連續三天的慶祝活動，在皇宮
飛龍廄中的老馬，因為曾經受過舞蹈的訓練，因此聽見音樂聲，不禁自然地
舉頭起舞。另外，鄭處誨《明皇雜錄》也說：

玄宗嘗命教舞馬四百蹄，各為左右，分為部目為某家寵某家驕。時
塞外亦有善馬來貢者，上俾之教習，無不曲盡其妙。因命衣以文繡，
絡以金銀，飾其鬃鬣，間雜珠玉。其曲謂之「傾盃樂」者，數十回
奮首鼓尾，縱橫應節。又施三層板牀，乘馬而上，旋轉如飛。或命
壯士舉一榻，馬舞於榻上，樂工數人立左右前後，皆衣淡黃衫文玉
帶，必求少年而姿貌美秀者。每千秋節，命舞於勤政樓下。〔註6〕

此段記載，使我們知道當時表演舞馬，是將馬隊分成左右，馬身上披著金銀
珠玉裝飾的彩繡，樂隊開始演奏「傾盃樂」，馬匹即按鼓樂聲起舞，有時則以
三層板牀，令馬匹在上面如飛地旋轉舞蹈。

至於舞馬的舞姿如何呢？讓我們來看看明皇時宰相張說所作的兩首舞馬
詞，〈舞馬千秋萬歲樂府詞〉，說：

聖皇至德與天齊，天馬來儀自海西。腕足徐行拜兩膝，繁驕不進踏
千蹄。髻鬃奮鬣時蹲踏，鼓怒驤身忽上躋。更有御杯終宴曲，垂頭
驛尾醉如泥。〔註7〕

描繪皇帝的德行高與天齊，神馬從青海以西來朝晉，馬匹緩行至皇帝跟前彎
膝跪拜後，在原地舞踏千蹄，時蹲時起，使鬃毛都飛揚起來，忽然又高舉身
軀向上跳躍，樂曲終了銜杯行禮，此際馬匹也都沉醉得垂頭驛尾了。另一首

〔註4〕 註同前。
〔註5〕 王建，〈樓前〉，《王司馬集》，卷8。
〔註6〕 鄭處誨，《明皇雜錄》，補遺。
〔註7〕 張說，〈舞馬千秋萬歲府詞〉，《張燕公集》，卷10。

《舞馬詞》（有六首，擇其一），說：

> 綵旄八佾成行，時龍五色因方。屈膝銜杯赴節，傾心獻壽無疆。

〔註8〕

描述舞馬身上裝飾著錦繡，隨著樂曲跳舞，像龍一樣地分成五色，曲終時又屈膝銜杯行禮，誠心祝賀明皇萬壽無疆。

從以上幾首舞馬詩詞來看，舞馬戲是一場相當壯觀，而且精彩的節目，因此唐代重要的賀節，在盛宴後，常舉行遊藝會，除有歌舞的節目外，也特別安排舞馬戲，以取悅皇帝。可是唐自安史亂後，似即未再訓練舞馬，供作表演。

唐代的繩技和現代走鋼索的表演一樣，所不同者，在於其走踏的是繩索。據封演《封氏聞見記》，說：

> 唐玄宗開元二十四年（西元 736 年）八月五日，御樓觀繩妓。妓者先引長繩兩端屬地，埋鹿盧以繫之。鹿盧內數丈，立柱以起繩，繩之直如絃。然後妓女自繩端躡足而上，往來倏忽之間，望之如仙。有中路相遇，側身而過者、有著屐而行之，從容俯仰者、或以畫竿接脛，高五六尺、或躡肩踏頂至三四重，既而翻身擲倒，至繩還注，曾無蹉跌。〔註9〕

在繩索上行走已是不容易，竟然還可以玩出多種把戲，由數人來回行走，相逢時還可側身而過，甚至於在繩索上跳躍、翻筋斗或疊羅漢，真是絕技，難怪唐明皇喜歡觀賞。

（中央日報副刊，第十七版長河版，民國八十年四月三日）

〔註8〕註同前。
〔註9〕同註1，卷6，繩妓。

二五、稿費能致富？——中國古代稿費趣談

　　稿費可以引發作者寫稿的動機，因此我國自古以來即有「作文受謝」的風氣。例如在西漢武帝時，陳皇后失寵，遭禁於長門宮，乃請司馬相如為其作〈長門賦〉，以表達愁悶怨思，並冀望能使武帝心回意轉。在此賦的序言中，稱陳皇后送給司馬相如的報酬是黃金百斤，如果此事為真，則實在是一筆相當優厚的稿費。〔註1〕

　　談到稿費，我國古人稱之為「潤筆」，其典故似乎來自《隋書·鄭譯傳》：

> 上（隋文帝）顧謂侍臣曰：「鄭譯與朕同生共死，間關危難，興言念此，何日忘之。」譯因奉觴上壽。上令內史令李德林立作詔書。高熲戲謂譯曰：「筆乾。」譯答曰：「出為方岳，杖策言歸，不得一錢，何以潤筆？」上大笑。〔註2〕

這雖是一段開玩笑的話，但是「潤筆」二字來比喻稿費，卻是很貼切，因此後人常常引用。《宋朝事實類苑》即有記載宋太宗以「潤筆錢」賞賜作宮廷詩的御用文人。〔註3〕

　　我國古代潤筆的高低，似乎是以當時文人在社會地位中的高下而定，例如唐代文人地位較高，潤筆也隨著提高，因此有人竟然因而致富，《舊唐書·李邕傳》說：

> 邕早擅才名，尤長碑頌。雖貶職在外，中朝衣冠及天下寺觀，多齎持金帛，往求其文。前後所製，凡數百首，受納餽遺，亦至鉅萬。

〔註1〕蕭統，《昭明文選》，卷16，長門賦，序。

〔註2〕魏徵，《隋書》，卷38，列傳第3，鄭譯。

〔註3〕江少虞，《宋朝事實類苑》，卷第28，罷潤筆。

時議以爲自古鬻文獲財，未有如邕者。〔註4〕

宋人祝穆《事文類聚》〈酬絹九千疋〉記載唐人皇甫湜索求潤筆，說：

> 裴度辟皇甫湜爲判官。度修福先寺，將立碑，求文於白居易。湜怒，
> 曰：「近捨湜而遠取居易，請從此辭。」度謝之。湜即請斗酒飲，醉，
> 援筆立就。度遺以車馬、繒綵甚厚。湜大怒，曰：「今碑字三千，一
> 字三縑，何遇我薄也。」度笑，酬以絹九千疋。〔註5〕

這不僅是作者自己爭取寫稿，而且竟由作者自定高價索求酬勞，眞是不講理。
另外，清人錢泳《履園叢話》亦提到唐代「白樂天爲元微之作墓銘，酬以輿
馬、綾帛、銀鞍、玉帶之類，不可枚舉」。〔註6〕可見唐代文人「作文受謝」
的風氣既普遍又多是高價碼。因此唐人劉禹錫〈祭韓吏部文〉，說：

> 公鼎侯碑，志隧表阡，一字之價，輦金如山。〔註7〕

這雖然過於誇大，但是也說明韓愈當時爲文常向人索取潤筆，而且價碼很高。
難怪宋人洪邁《容齋隨筆》〈文字潤筆〉說：

> 作文受謝，自晉宋以來有之，至唐始盛。〔註8〕

清代「揚州八怪」之一的鄭板橋，在罷官後，回到故鄉，生活困頓，被
迫以鬻書賣畫爲生，曾自定潤筆的高低標準，將其書揭於堂中，並附詩爲贊，
其潤格爲：「大幅六兩，中幅四兩，小幅二兩，條幅對聯一兩，扇子斗方五錢。
凡送禮物食物，總不如白銀爲妙。公之所送，未必弟之所好也。送現銀則中
心喜樂，書畫皆佳。禮物既屬糾纏，賒欠尤爲賴賬。年老體倦，不能陪諸君
子作無益語言也。」〔註9〕又詩曰：「畫竹多於買竹錢，紙高六尺價三千。任
渠話舊論交接，只當秋風過耳邊。」〔註10〕此一自定潤筆的事例，顯現了鄭
板橋率眞的個性及其憤世嫉俗的心態。當然潤筆有時不以金錢計酬，可以他
物代替，甚至於有贈送花草樹木者。清人徐珂《清稗類鈔‧隱逸類》〈三風太
守歸隱〉條，說：

> 歙縣吳綺……解組歸隱，有園一區，荒穢不治，凡索文與詩者，多

〔註4〕劉昫，《舊唐書》，卷190中，列傳第140中，李邕。
〔註5〕祝穆，《事文類聚》，酬絹九千疋。
〔註6〕錢泳，《履園叢話》，卷3，考索潤筆。
〔註7〕劉禹錫，〈祭韓吏部文〉，《劉賓客外集》，卷10。
〔註8〕洪邁，《容齋續筆》6，文字潤筆。
〔註9〕鄭板橋，〈板橋潤格〉，《鄭板橋集》，補遺。
〔註10〕註同前。

以花木竹石爲潤筆費，不數月而成林，因名之曰：「種字林」。〔註11〕
以花木竹石爲潤筆來增修庭園，倒也是一個好辦法。

（中央日報副刊，第十七版長河版，民國八十年四月十九日）

〔註11〕徐珂，《清稗類鈔》，隱逸類，三風太守歸隱。

二六、長安城的牡丹花市

　　牡丹在隋唐以前並未受到特別的垂青，至隋代才逐漸成為名貴的觀賞花卉，宋人王應麟《玉海》記載：

　　　　隋（煬）帝闢地二百里為西苑，詔天下進花卉，易州進二十箱牡丹。

　　〔註1〕

唐代中葉後，長安城的人們在暮春時節觀賞牡丹，卻成為傾城的盛事。例如唐人李肇《唐國史補》說：

　　　　京城貴遊尚牡丹三十餘年矣，每春暮車馬若狂，以不耽玩為恥。

　　〔註2〕

另外，白居易〈白牡丹〉詩，說：

　　　　城中看花客，旦暮走營營。素華人不顧，亦占牡丹名。……。〔註3〕

〈牡丹芳〉又說：

　　　　遂使王公與卿相，遊花冠蓋日相望。……花開花落二十日，一城之
　　　　人皆若狂。〔註4〕

這是當時長安的花癡們迷戀牡丹的寫照，而且竟然以不耽玩為恥辱。

　　唐代的皇宮不僅種有牡丹，另外在驪山設有牡丹花園，培植萬株以上的各種牡丹，而達官貴人及平民百姓也均以能擁有牡丹為榮，常不惜以高價來栽植或購買牡丹，因此出現了專門種花、賣花的業者，也形成了每年春天特

〔註1〕 王應麟，《玉海》。但是有人考證，《玉海》中並無這一則記載。另外，《海山
　　　　記》有「煬帝闢西苑，易州進牡丹二十種」之語，惟其是小說，作者亦不詳。
〔註2〕 李肇，《唐國史補》，卷之中。
〔註3〕 白居易，〈白牡丹〉，《白香山詩長慶集》，卷1。
〔註4〕 白居易，〈牡丹芳〉，《白香山詩長慶集》，卷4。

殊的牡丹花市。

在唐代的牡丹花市中，除了進行花卉的交易外，也常舉行花卉競賽，其中稀奇、名貴的品種，往往都會吸引人們的讚賞，並且能以高價出售。白居易〈買花〉說：

> 帝城春欲暮，喧喧車馬度。共道牡丹時，相隨買花去。貴賤無常價，
> 酬直看花數。灼灼百朵紅，戔戔五束素。上張幄幕庇，旁織笆籬護。
> 水灑復泥封，移來色如故。家家習為俗，人人迷不悟。有一田舍翁，
> 偶來買花處。低頭獨長歎，此歎無人諭。一叢深色花，十戶中人賦。

〔註5〕

可見當時長安的牡丹花市非常熱鬧，花價也特別昂貴，而且因為栽培、維護不易，必須在展售時「上張幄幕庇，旁織笆籬護」，以免花蕾受到損傷。

長安城牡丹花市的盛況，直至唐末仍然未減，因此種花、賣花者很多，甚至花卉的交易就在栽植牡丹的花園中直接進行。唐人司馬札〈賣花者〉說：

> 少壯彼何人，種花荒苑外。不知力田苦，卻笑耕耘輩。當春賣春色，
> 來往經幾代。長安甲第多，處處花堪愛。良金不惜費，競取園中最。
> 一蕊纔占煙，笙歌已高會。自言種花地，終日擁軒蓋。農夫官役時，
> 獨與花相對。那令賣花者，久為生人害。貴粟不貴花，生人自應泰。

〔註6〕

此詩提到長安城內許多愛花的達官貴人們，不惜以高價來買園中名貴的牡丹。每當花苞剛吐新蕊時，他們即擺酒、奏樂來賞玩。而且據種花人自己說，整天到種花地買花的車馬都擠得走不動了。由此可知，唐代長安的牡丹花市，確實盛極一時，為人們增添了許多生活的情趣。

唐代的牡丹大盛於長安，而宋代的牡丹卻以洛陽為最盛。因此歐陽修《洛陽牡丹記》〈花品敘〉第一說：

> 牡丹出丹州、延州，東出青州，南亦出越州。而出洛陽者，今為天
> 下第一。……洛陽人……至牡丹則不名，直曰花。其意謂天下真花
> 獨牡丹，其名之著不假曰牡丹而可知也。〔註7〕

〔註5〕白居易，〈買花〉，《白香山詩長慶集》，卷2。
〔註6〕司馬札，〈賣花者〉，《全唐詩》，卷596。
〔註7〕歐陽修，《洛陽牡丹記》，花品序第1。

可見宋代的牡丹特別受到洛陽人的推崇，而且已取代唐代的長安，成爲天下第一。

據說在唐代天授二年（西元 691 年）某冬日，武則天想至上苑賞花，但此際花木凋零，實在無花可賞，因此作詩〈臘日宣詔幸上苑〉說：

> 明朝遊上苑，火急報春知。花須連夜發，莫待曉風吹。〔註8〕

然後派人將此詔書焚於花園，以報知花神。隔天凌晨，百花懾於其威勢，竟然均違背自然時令而齊開放。但是只有牡丹遲遲不開，武則天大怒，下令用炭火炙燒牡丹樹莖，並下令將牡丹貶解洛陽。哪知牡丹在洛陽卻長得葉繁花艷、亭亭玉立、佳冠天下，並繁衍出許多新的品種，這是關於宋代洛陽牡丹大盛的民間傳說。然而實際上，其原因乃是多年來人們的培植以及洛陽氣候土壤適宜所致。歐陽修〈洛陽牡丹圖〉詩，說：

> 洛陽地脈花最宜，牡丹尤爲天下奇。〔註9〕

應是比較正確的說法。

宋代牡丹既然以洛陽爲天下冠，因此在牡丹盛開期間，洛陽城內的豪門權貴常開筵延賓觀賞牡丹，文人學士也常舞文弄墨詠頌牡丹。同時爲了迎合大家賞花、買花的需要，牡丹花市乃應運而生。《洛陽牡丹記》〈風俗記〉第三說：

> 洛陽之俗，大抵好花，春時城中無貴賤皆插花，雖負擔者亦然。（牡丹）花開時，士庶競爲遊遨，往往於古寺廢宅有池台處，爲市井張幄幕，笙歌之聲相聞。〔註10〕

在洛陽的花市中，來往的人們包括官僚貴族、文人騷客及一般百姓，因此除了進行花卉交易外，其他行業例如飲食業等也隨之產生。宋人李廌《洛陽名園記》說：

> 洛中花甚多種，而獨名牡丹曰花王。凡園皆植牡丹，而獨名此曰花園子。蓋無他池亭，獨有牡丹數十萬本。凡城中賴花以生者，畢家于此。至花時，張幄幄，列市肆，管絃其中，城中士女絕烟火游之。〔註11〕

可見洛陽牡丹花市的規模很大，市況尤其熱鬧，而且人們既然從家中「絕烟

〔註 8〕武則天，〈臘日宣詔幸上苑〉，《全唐詩》，卷5。
〔註 9〕歐陽修，〈洛陽牡丹圖〉，《歐陽修集》，居士集，卷2。
〔註 10〕歐陽修，《洛陽牡丹記》，風俗記第3。
〔註 11〕李廌，《洛陽名園記》。

火」來花市賞遊，當然只好在花市中解決飲食問題，因此引來許多餐飲業的攤販，更增添了熱鬧的氣氛。

　　但是牡丹的花期並不長，乃使牡丹花市具有明顯的季節性，《洛陽名園記》說：

　　　　過花時則復爲丘墟，破垣遺竈相望矣。〔註12〕

也就是牡丹花期一過，花市的盛況即隨之消失，又恢復了該處原來荒廢的景象，此時如想再觀賞牡丹，也只好等明天春天牡丹盛開的時候了。

　　　　　　（中央日報副刊，第十七版長河版，民國八十年四月二十五日）

〔註12〕註同前。

二七、中國人怡情養性的插花藝術

　　賞花可以怡情養性，因此插花藝術在我國魏晉南北朝時即已開始逐漸推廣。至宋代，插花更被列為「四藝」之一，此「四藝」指插花、燒香、點茶、掛畫四項，乃是當時人們生活中的基本修養。

　　談到我國古代插花史的演變，由於歷代審美觀念與潮流的差異，因此衍化出許多不同的花型。大致上可以分為唐以前的古宗教供花、古理念花；唐宋時期的古典隆盛院體花、理念花、宴會裝飾花；元代的心象花；明代的隆盛理念花、文人花、新古典花、格花；清代的寫實花、文人式格花、民間隆盛理念花、蔬果造型花、諧音造型花等。在這麼多種的花型中，我們又可以將其歸類，分為宗教插花、宮廷插花、文人插花、民間插花四大類。

　　首先談宗教插花，在魏晉南北朝時，我國的佛教寺廟開始以鮮花為清供，因此佛教徒們的供花，成為奉佛「四供養」之一。供花的形式有三種，一是在舉行佛會時，把蓮花的花瓣或花形紙片盛裝於花籃中灑散；二是將鮮花或花瓣放在花皿中，供於佛前，稱為「堆花」或「皿花」；三是將鮮花插在裝水的瓶內，置於佛前供奉，《南史·王子懋傳》說：

　　　　有獻蓮花供佛者，眾僧以銅罌盛水，漬其莖，欲花不萎。[註1]
可知當時有信徒呈獻蓮花來供佛，和尚們為了不讓蓮花很快凋萎，就用銅罌裝水，把蓮花的莖插浸於水中。這種供花的形式，稱為「瓶供」，即是「瓶花」的由來，也是我國插花藝術的開始。此種「瓶花」所用的花材，以花頭小、花梗長為主，後來「瓶花」與「皿花」結合後，發展為「盤花」，則以花頭大

〔註1〕李延壽，《南史》，卷44，列傳第34，齊武帝諸子，晉安王子懋。

或盛開的花材為主。

至五代十國時期，南唐的李後主每年常在宮中舉行插花展覽，宮廷插花乃隨之而興。這種宮廷插花具有濃厚的裝飾意味，因為在宮廷或達官顯要的廳堂中，如果以繁盛鮮艷的插花做為襯飾，更可顯現出高貴的氣息，因此宮廷插花很快地受到重視與提倡。

在歷代宮廷插花中，以宋代為最盛。每當二月花朝期間，即把上萬名品的花朵插於精美花器中。花器有瓶、盤、籃等。而花材則以牡丹、水仙、瑞香、山茶、梅、菊、松、柏為主，並且以色彩艷麗、形體碩大、枝葉繁茂者為佳，然後插成各種形式華麗的疊體花。

賞花既然可以怡情養性，因此插花藝術在唐宋時期，也常被以文人的風格來表現，這種文人插花的名家有北宋徽宗、蘇軾和明代袁宏道等，例如宋徽宗所畫的「聽琴圖」，在大松樹下，有一人面對著花瓶中的巖桂撫琴，旁邊則有兩人正在傾聽。《洞天清錄》提到：

> 彈琴對花，惟巖桂、江梅、茉莉、荼蘼、蘑菖等，香清而色不艷者方妙，若妖紅艷紫，非所宜也。〔註2〕

可見宋徽宗在畫該圖時，必有特別的安排。

文人插花的風格往往具有佛教禪宗和道教的精神，因此對於花材取捨的要求特別注意，尤以清雅質樸、意韻高勝，又可持久的花材為主，例如梅、桂、菊、竹、松、柏等，且常只用一種，多則不超過三種。明代袁宏道《瓶史》〈一、花目〉說：

> 取之雖近，終不敢濫及凡卉，就使乏花，寧貯竹、柏數枝以充之。
> 〔註3〕

告訴我們雖可就近選取花材，但不要濫取平凡的花卉，寧可以清逸的竹、柏做為花材，至於花器則以樸實典雅的陶、瓷、銅、竹為主。

文人插花的結構講求清純自然，不要太多的花枝，《瓶史》〈五、宜稱〉說：

> 插花不可太繁，亦不可太瘦，多不過二種、三種，高低疏密，如畫苑佈置方妙。置瓶忌兩對，忌一律，忌成行列，忌繩束縛。夫花之所謂整齊者，正以參差不倫，意態天然，如子瞻之文隨意斷續。青

〔註2〕趙希鵠，《洞天清錄》，〈對花彈琴〉。
〔註3〕袁宏道，《瓶史》，卷下，一、花目。

蓮之詩不拘對偶，此真整齊也。若夫枝葉相當，紅白相配，以省曹
墀下樹，墓門華表也，惡得為整齊哉？〔註4〕

從這段話，我們不難了解文人插花的要求，以及其精神、韻味，即是以參差不齊，保持天然的意態，才是真正的整齊，至於人工化的整齊，只講求相配、相當，反而不是真正的整齊。

最後談到民間插花，其源自於宗教插花。至明代，因為插花藝術已普及於民間，所以人們在家居的陳設佈置、歲節清供、喜慶弔喪時，常插花擺置於廳堂或神桌上，寓有祈求福祉、祭祀祖先、酬謝神明、驅除邪魔的意義。

由於各地的花材及民情風俗不一致，因此民間插花選取花材的範圍很廣泛，有時以具有特別意義者，例如萬年青、海棠、雞冠花等為花材。同時為了求花色的變化，花材常是三、四種以上，甚至十多種，而花器也連同要求紋飾及質地須富有變化。

（中央日報副刊，第十七版長河版，民國八十年六月二十四日）

〔註4〕書同前，卷下，五、宜稱。

二八、中國古代的飲食衛生

　　人類會生病的原因，大多是由於飲食、起居、心理、環境及氣候等條件不和諧所造成。因此我國古人在講求養生之道時，特別注意身體與這些條件的調和，尤其是在飲食方面。

　　我國古人很早即已知道病從口入的道理，因此南朝梁人陶弘景《養性延命錄》說：

> 百病橫夭，多由飲食；飲食之患，過於聲色。聲色可絕之逾年，飲食不可廢之一日。為益亦多，為患亦切。多則切傷，少則增益。
> 〔註1〕

可見飲食雖然對我們的身體有益，但是假如飲食不當，也會產生不良的影響。而且幾乎每天都必須飲食，否則我們的身體會受不了。至於聲色的喜好，則可以意志力做長期的克制。因此對於每天的飲食不可不慎，古代的先賢們也因而常提出有關飲食衛生的警語。

　　漢朝人王充《論衡》〈雷虛篇〉說：

> 飲食不潔淨，天之大惡也。〔註2〕

這一句話不僅告訴我們飲食時的雙手及用具必須保持清潔，同時食物本身也必須乾淨無病毒，漢朝人張機《金匱要略》即提到：

> 穢飯、餒肉、臭魚食之，皆傷人。……六畜自死，皆疫死，則有毒，不可食之。〔註3〕

〔註1〕 陶弘景，《養性延命錄》，教誡篇第1。
〔註2〕 王充，《論衡》，卷6，雷虛篇第23。
〔註3〕 張機，《金匱要略》，卷下。

因此有病毒的畜肉，千萬不要食用，否則容易招來疾病，使身體遭受損害。

　　我國古人的養生之道，也常勸人不要飲食過度。例如晉人葛洪《抱朴子》
說：

　　　　是以善養生之方，……，食不過飽，……飲不過多。〔註4〕

當然這種警語，或許寓有告訴人們百物皆得來不易，必須節約珍惜的含意，
但是也提醒了人們多食無益，甚至對身體有害。因此我們的身體只要適量的
營養即可，實在沒有必要太多的飲食，徒增消化器官的負擔，而且反而容易
導致疾病。因此葛洪《抱朴子》說：

　　　　欲得長生，腸中當清；欲得不死，腸中無滓。〔註5〕

晉人張華《博物志》也說：

　　　　所食逾少，心逾開，年逾益；所食逾多，心逾塞，年逾損焉。〔註6〕

均是強調飽食有害的道理。

　　我們平日飲食也最忌暴飲暴食，因為人類的腸胃大小大致固定，如一時
吃得太多，必將使其負荷不了。尤其是已經饑渴多日，忽然飲食過度，腸胃
不僅無法適應，也會疲於消化，而引發毛病。莊遵《老子指歸》提到：

　　　　莊子曰：「夫饑而倍食，渴而倍飲，熱而投水，寒而入火，所苦雖除，

　　　　其身必死。」〔註7〕

葛洪《抱朴子》亦說：

　　　　不欲（要）極饑而食，食不過飽；不欲（要）極渴而飲，飲不過多。

　　　　〔註8〕

這都是很正確的說法。像古代發生饑荒時，常有施粥救濟饑民的善舉，可是
卻有許多饑民不知久餓之後，必須徐徐吃粥，以致於反而喪生。清人倪國璉
《康濟錄》記載：

　　　　明思宗崇禎庚辰年（十三年，西元 1640 年），浙江海寧縣雙忠廟賑

　　　　粥，人食熱粥，方畢即死，每日午後，必埋數十人。〔註9〕

這即是因為長久饑餓，腸胃變得枯細，短時間之內忽然驟飽，因此造成加速

〔註4〕葛洪，《抱朴子》，內篇，卷13，極言。

〔註5〕葛洪，《抱朴子》，內篇，卷15，雜應。

〔註6〕張華，《博物志》，卷5。

〔註7〕莊遵，《老子指歸》，卷之4，治大國篇。

〔註8〕同註4。

〔註9〕倪國璉，《康濟錄》，附錄。

死亡的例子。

另外，我國古人的飲食衛生，也講求不吃含有刺激性的食物。他們認為酸、甜、苦、辣、鹹等五味，雖然可增進口味的享受，但是如果多食，也會傷身。葛洪《抱朴子》說：

> 是以養生之方，……。五味入口，不欲偏多，故酸多傷脾，苦多傷肺，辛多傷肝，鹹多則傷心，甘多則傷腎。〔註10〕

此段話論及多食某種味道將會傷及某種器官，雖然未必正確，但是卻提醒了我們不要過量食用五味。孫思邈《備急千金要方》說：

> 鹹則傷筋，酸則傷骨。故每學淡食，食當熟嚼，使米脂入腹，勿使酒脂入腸。〔註11〕

明人陳繼儒《養生膚語》也說：

> 食淡極有益，五味盛多能傷生。〔註12〕

可見清淡的飲食，才是有益於我們的身體。

以上所說，均是我國古人飲食衛生的看法，讀者們不妨做為參考，希望有助於大家身體的健康。

（中央日報副刊，第十七版長河版，民國八十年七月五日）

〔註10〕葛洪，《抱朴子》，內篇，卷13，極言。
〔註11〕孫思邈，《備急千金要方》，卷81，道林養性第2。
〔註12〕陳繼儒，《養生膚語》。

二九、唐明皇與楊貴妃的音樂才華

　　在我國歷代皇室中，似以唐代李氏家族最懂得音律，例如唐明皇（玄宗）平常與宋王成器、中王成義、岐王範、薛王業等兄弟，「飲酒、博奕，游獵，或自執絲竹，成器善笛，範善琵琶，與上共奏之」。〔註1〕可見唐代皇室精於樂器者不乏其人，因此可以一齊演奏。今本文擬介紹唐明皇與楊貴妃的音樂才華，以饗讀者。

　　唐明皇本身即是一位音樂家，可說是「音樂皇帝」。據唐人南卓《羯鼓錄》說：

> 上（唐明皇）洞曉音律，由之天縱，凡是絲管，必造其妙。若製作諸曲，隨意即成，不立章度，取適短長，應指散聲，皆中點拍。
> 〔註2〕

顯然唐明皇頗知音律，並優於作曲，唐人鄭綮《開天傳信記》提到一段關於唐明皇作曲的奇事，說：

> 上（唐玄宗）嘗坐朝，以手指上下按其腹，退朝，高力士進曰：「陛下向來數以手指按其腹，豈非聖體小不安耶？」上曰：「非也。吾昨夜夢遊月宮，諸仙娛予以上清之樂，寥亮清越，殆非人間所聞也。酣醉久之，合奏諸樂，以送吾歸，其曲淒楚動人，杳杳在耳。吾回，以玉笛尋之，盡得之矣。坐朝之際，慮忽遺忘，故懷玉笛，時以手指上下尋，非不安。」力士再拜賀曰：「非常之事也，願陛下為臣一奏之。」其聲寥寥然，不可名言也。力士又再拜，且請其名，上笑

〔註1〕司馬光，《資治通鑑》，第211卷，唐紀27。
〔註2〕南卓，《羯鼓錄》。

言：「此曲名《紫雲回》。」遂載于樂章，今太常刻石在焉。〔註3〕

雖然唐明皇自謂該曲乃是從夢中得自月宮諸仙所奏，但是實際上爲其自己所作，而且惟恐忘記了，竟於坐朝問政時，暗中以玉笛試尋曲譜各音。身爲皇帝，而喜愛音樂至此地步，眞是少見。

唐明皇不僅作曲的才氣縱橫，也精通多種樂器，其中之一即是前面所提到的玉笛，唐人張祜〈李謨笛〉詩，說：

平時東幸洛陽城，天樂宮中夜徹明。無奈李謨偷曲譜，酒樓吹笛是新聲。〔註4〕

這首詩乃是描述一段故事，即李謨爲唐明皇時一位擅長吹笛的少年，某年正月十四日晚，唐明皇在上陽宮用玉笛吹奏新作的樂曲。隔天晚上，唐明皇喬裝出宮看花燈，忽然聽見有人在酒樓上，用笛子吹奏其昨夜所吹奏的新曲。唐明皇大吃一驚，翌日秘密派人將吹笛少年提來，親自審問爲何會吹該曲，李謨答說：「因爲前晚在天津橋上賞月，聽見宮中有人吹奏新曲，我就在橋上插小木枝記下曲譜，所以學會吹奏這首新曲。」唐明皇聽了之後，頗爲驚訝，並且釋放了李謨。從這段故事，我們可以知道唐明皇不僅會作曲，而且精於吹奏玉笛。

另外，唐明皇也擅長打羯鼓。羯鼓是類似於今日舞獅時伴奏的鼓，用雙杖（棒）擊之，屬於外來的樂器。唐明皇擅長打羯鼓的才華，並不是憑空而得，乃是其勤於練習的結果。例如某次唐明皇問當時的音樂家李龜年練習打羯鼓，共用了多少枝杖？龜年答說：「臣打完五十枝杖。」唐明皇說：「你不如我，我打完三個豎櫃。」〔註5〕三個豎櫃究竟有多少枝杖，筆者不得而知，但是明皇曾經苦練打羯鼓，是無可否認的事實。唐人李商隱〈龍池〉詩中有一句，說：

龍池賜酒敞雲屏，羯鼓聲高眾樂停。〔註6〕

描述唐明皇在龍池（在興慶宮內，是皇帝與后妃諸王遊宴的場所）開宴招待諸王，正擊奏著其最喜愛的羯鼓樂器，高亢的鼓聲使得其他樂器爲之停頓。難怪唐明皇自己說過，羯鼓與玉笛是八音之首。

〔註3〕鄭綮，《開天傳信記》。

〔註4〕張祜，〈李謨笛〉，《全唐詩》，卷511。

〔註5〕參閱王讜，《唐語林》，卷5。但原文稱「臣打五千枝訖」，似以「五十枝」爲正確。

〔註6〕李商隱，〈龍池〉，《全唐詩》，卷540。

　　楊貴妃深得唐明皇寵幸，《開天傳信記》說：

　　　太眞妃（楊貴妃）最善於擊磬，拊搏之音，泠泠然新聲，雖太常梨

　　　園之能人，莫加也。〔註7〕

磬爲我國古代聖賢常親近的雅樂，楊貴妃竟也精通，而且優於梨園的樂人，

眞是不易。

　　另外，楊貴妃也擅長於彈奏琵琶，唐人胡璩《譚賓錄》，說：

　　　開元中，有中官白秀貞自蜀使迴，得琵琶以獻。……楊妃每抱是琵

　　　琶，奏於梨園，音韻淒清，飄如雲外，而諸王貴主，自號國已下，

　　　競爲貴妃琵琶弟子。〔註8〕

可見楊貴妃彈奏琵琶的才華相當高明，是一位通音律，多才多藝的美女，因

此使喜愛音樂的唐明皇爲之傾倒。

　　既然唐明皇與楊貴妃二人都精於某些樂器，因此有時會一起合奏，例如

某次新豐市將一位善舞的女伶謝阿蠻送進宮，乃由唐明皇親自打羯鼓，楊貴

妃彈琵琶，寧王吹玉笛，李龜年吹觱篥，張野狐彈箜篌，賀懷智彈琴伴奏，

馬仙期打方響。於是在美妙的樂聲中，謝阿蠻竟從早上跳舞到中午。〔註9〕

　　　　　　（中央日報副刊，第十七版長河版，民國八十年八月三日）

〔註7〕同註3。

〔註8〕胡璩，《譚賓錄》，卷6。

〔註9〕參閱樂史，《楊太眞外傳》，卷上。

三〇、慈禧太后與西苑鐵路

　　西苑鐵路（亦稱紫光閣鐵路）是清代接觸西方科技文明後，在中國境內所鋪設的第四條鐵路。在它之前，中國已有三次建造鐵路的記錄，一是清穆宗同治四年（西元 1865 年）七月，有位英商叫杜蘭德在北平宣武門外建造長約一華里的宣外鐵路，是中國最早出現的鐵路。此一鐵路，當時並不是使用機車，而是依賴人力推動的，但已轟動一時，可惜建成之後，不久即被清步軍統領衙門飭令拆御；〔註1〕二是英商怡和洋行於清德宗光緒二年（西元 1867 年），在上海至江灣鎮間鋪成，後來又延伸至吳淞的淞滬鐵路，是我國最早的一條營運鐵路，可惜在當年五月通車後，不及兩個月，即因輾斃一位華人，造成中國鐵路史上第一次行車事故，引起國人譁然。翌年由清政府贖回，並予以拆除；〔註2〕三是光緒六年（西元 1880 年）由中國開平礦務局投資，在唐山至胥各莊所鋪設的唐胥鐵路（此一鐵路的興工與竣工日期有多種不同說法），當時行駛的機車叫做「中國洛克號」，是一條運煤專線，也是我國自辦鐵路、使用機車的開始。這輛機車行駛未久，曾被言官連疏彈劾，說是機車震動了東陵，噴出的黑烟會傷害禾稼，以致被勒令停駛，幸經李鴻章奏請，始獲准照常行駛。〔註3〕

　　西苑鐵路則建造於光緒十四年（西元 1888 年），全線處於大內西苑，因此被稱爲西苑鐵路，南起中南海紫光閣，終點爲鏡清齋前的碼頭，長約二三

〔註1〕　參閱李鴻章撰，吳汝綸編錄，《李文忠公全書》，海軍函稿，卷3，頁6。又見李岳瑞，《春冰室野乘》，頁 204。
〔註2〕　參閱關賡麟，《交通史路政編》，第1冊，頁8～9。
〔註3〕　參閱關賡麟，《交通史路政編》，第1冊，頁11～12。

三二公尺。它建造的原因，表面上是做爲清德宗大婚的賣禮，實際上卻是要讓慈禧太后見識一下。當時清朝大臣中對於建造鐵路的意見，分爲贊成與反對兩派，贊成者見光緒十年（西元 1884 年）中法戰爭時，由於中國運輸不暢，戰局頗受影響，次年與法國議和後，李鴻章建議招集商人股資興建鐵路，左宗棠也上疏陳言建造鐵路對中國有利而無害。可是都被反對派的強勢壓制下來，未能付諸實施。

至光緒十三年（西元 1887 年），又有醇親王奕譞與兵部侍郎曾紀澤聯合上疏，認爲建造鐵路可爲中國帶來富國強兵的好處。醇親王是光緒皇帝的生父、慈禧太后的妹夫，當時掌總理海軍衙門，居於這種關係與地位，因此他與曾紀澤的上疏，使建造鐵路的言論又受到重視。同時當年唐胥鐵路獲准擴延至天津，而李鴻章也爲廣東商人陳承德請接建造天津至通州的鐵路上奏於朝廷，所以使贊成修建鐵路的勢力盛極一時。至於反對者如清德宗的師傅，時任戶部尚書的翁同龢和禮部尚書奎潤等人，則以建造鐵路乃資敵、擾民、失業爲由，力加反對。李鴻章等人見修建鐵路受阻的情勢演變至此地步，深知只有獲得慈禧太后的首肯，才有建造的可能。而慈禧太后本人從未見過鐵路與火車，更不曾坐過火車，因此如在京城內建造一條鐵路，讓她坐看看，見識一番，或可促使她同意在全國重要地區建造鐵路。西苑鐵路就是在這種微妙情況下建造起來的。

可是有關西苑鐵路的建造，在《清實錄》、《清史稿》等史書中卻均未提及，我們只好從翁同龢的《翁文恭公日記》及醇親王奕譞於光緒十四年（西元 1888 年）十二月二十五日的奏摺中來瞭解當時的大概形情——在光緒十四年十一月初，西苑鐵路的前段建成，另外由天津海關道周馥、候補道潘駿德向法國新盛公司訂購的車輛與鐵軌也已經運抵北平，計有「洋輪坐車六輛、丹特火機車一輛、并鐵軌七里餘」、「坐車六輛內，上等級好車一輛、上等坐車二輛，陳設精美，製作精工，中等坐車二輛，行李車一輛，亦俱材質光澤，尚有鐵路七里有奇」，其中坐車「約長三、四丈，狹長，對面兩列可容廿八人，凡三輛」。〔註4〕未久，西苑鐵路全線建成，終使這種窄軌的火車能啓動上路，也使慈禧太后和清德宗初次見到火車與鐵路的廬山眞面目，而且經過乘坐後，更發現火車並不是什麼怪物，反而是一種便捷的交通工具，因此觀念爲之改變，轉爲也贊成建造鐵路。翌年八月，乃以清德宗的名義諭令李鴻章、

〔註4〕翁同龢，《翁文恭公日記》，戊子（光緒十四年），頁80。

張之洞與海軍衙門妥籌開辦，使中國得以展開全國性鐵路的建造。

　　不幸的是，在中國鐵路史上深具關鍵性的西苑鐵路，卻在光緒二十六年（西元 1900 年），當八國聯軍進犯北京時，遭到被拆除的命運，因此西苑鐵路今天已不存在了。

（中央日報副刊，第十七版長河版，民國八十二年十月七日）

三一、渾身解數相競技——宋代的遊樂場

　　我國雜技藝術發展至宋代，已逐漸從宮廷轉移至民間，因此宋代的遊樂場很普遍，不僅是表演技藝的場所，也是遊客聚集玩樂的地方，而且演出的形式、節目，甚至場地也都有或多或少的改變。

　　宋代的遊樂場稱做「瓦舍」、「瓦市」、「瓦肆」、「瓦子」、「瓦」，據南宋耐得翁《都城紀勝》〈瓦舍眾伎〉說：

　　　　瓦者，野合易散之意也。〔註1〕

另外，南宋吳自牧《夢粱錄》〈瓦舍〉亦說：

　　　　瓦舍者，謂其來時瓦合，出時瓦解之義，易聚易散也。〔註2〕

可見這種遊樂場的盛衰，是依觀眾和遊客的聚散而定。同時，宋代的遊樂場為了劃分表演區和觀眾席，常會用欄杆或布簾予以分開，稱做「勾欄」或「勾闌」，但與後來稱妓女住所並不相同，而是宋代表演百戲雜技的場所。

　　北宋時，首都汴京（開封）商業集中，市區非常繁榮，因此有瓦舍多所，南宋孟元老《東京夢華錄》〈東角樓街巷〉，說：

　　　　街南桑家瓦子，近北則中瓦，次裏瓦。其中大小勾欄五十餘座。內
　　　　中瓦子蓮花棚、牡丹棚，裏瓦子夜叉棚、象棚最大，可容數千人。
　　　　自丁先現、王團子、張七聖輩，後來可有人於此作場。瓦中多有貨
　　　　藥、賣卦、喝故衣、探搏、飲食、剃剪、紙畫、令曲之類。終日居
　　　　此，不覺抵暮。〔註3〕

〔註1〕耐得翁，《都城紀勝》，瓦舍眾伎。
〔註2〕吳自牧，《夢粱錄》，卷19，瓦舍。
〔註3〕孟元老，《東京夢華錄》，卷2，東角樓街巷。

可見當時的瓦舍，不僅是供各種藝人表演、競技，也是各行各業作生意的聚集地，甚至於有許多珍奇的人、物動、植物也在此展覽、表演，例如引文中所提及的蓮花棚、牡丹棚、夜叉棚、象棚，即是展覽花卉、畸形人、大象的地方。

北宋滅亡後，康王趙構建立南宋政權於江南，以臨安（杭州）爲首都，由於駐軍大多是南渡的北方人，同時從汴京來的藝人與當地的藝人相結合，促使南宋的瓦舍比以往更興盛，規模也更龐大，《西湖老人繁勝錄》〈瓦市〉提到當時杭州城內有「南瓦、中瓦、大瓦、北瓦、蒲橋瓦。惟北瓦大，有勾欄一十三座」，「城外有二十座瓦子，錢湖門裏勾欄門外瓦子、嘉會門外瓦、候潮門瓦、小堰門瓦、四通館瓦、新門瓦、薦橋門瓦、菜市門瓦、艮山門瓦、朱市瓦、舊瓦、北關門新瓦、錢塘門外羊坊橋瓦、王家橋行春橋瓦、赤山瓦、龍山瓦，餘外尚有獨勾欄瓦市。」〔註4〕杭州城內外的遊樂場有如是之多，使我們不禁想到其熱鬧的程度必定勝於北宋時期的開封。

爲了吸引更多的觀眾、遊客，瓦舍的藝人都會渾身解數地表演自己最拿手的技藝，而且彼此互相競技，因此產生許多優秀傑出的藝人，也創造出許多新奇精采的節目，例如《東京夢華錄》〈京瓦伎藝〉記載開封城瓦舍的藝人和節目，說：

> 崇、觀以來，在京瓦肆伎藝：張廷叟，孟子書。主張小唱：李師師、徐婆惜、封宜奴、孫三四等，誠其角者。嘌唱弟子：張七七、王京奴、左小四、安娘、毛團等。教坊減罷并溫習：張翠蓋、張成弟子、薛子大、薛子小、俏枝兒、楊總惜、周壽奴、稱心等。般雜劇：杖頭傀儡任小三，每日五更頭回小雜劇，差晚看不及矣。懸絲傀儡，張金線。李外寧，藥發傀儡。張臻妙，溫奴哥、眞箇強、沒勃臍、小掉刀，筋骨上索雜手伎。渾身眼、李宗正、張哥，毬杖踢弄。孫寬、孫十五、曾無黨、高恕、李孝詳，講史。李慥、楊中立、張十一、徐明、趙世亨、賈九，小説。王顏喜、蓋中寶、劉名廣，散樂。張眞奴，舞旋。楊望京，小兒相撲、雜劇、掉刀、蠻牌。董十五、趙七、曹保義、朱婆兒、沒困駝、風僧哥、俎六姐，影戲。丁儀、瘦吉等，弄喬影戲。劉百禽，弄蟲蟻。孔三傳，耍秀才，諸宮調。毛詳、霍伯醜，商謎。吳八兒，合生。張山人，説諢話。劉喬、河

北子、帛遂、吳牛兒，達眼五、重明喬、駱駝兒、李敦等，雜班。
外入孫三，神鬼。霍四究，說三分。尹常賣，五代史。文八娘，叫
果子，其餘不可勝數。不以風雨寒暑，諸棚看人，日日如是。〔註5〕

至於杭州城瓦舍的表演藝人和節目，又是如何呢？《西湖老人繁勝錄》〈瓦
市〉，則說：

惟北瓦大，有勾欄一十三座。常是兩座勾欄，專說史書，喬萬卷、
許貢士、張解元。背做蓮花棚，常是御前雜劇，趙泰、王喜、宋邦
寧河宴、清鋤頭、段子貴。弟子散樂，作場相撲，王僥大、撞倒山、
劉子路、鐵板踏、宋金剛、倒提山、賽板踏、金重旺、曹鐵凜，人
人好漢。說經，長嘯和尚、彭道安、陸妙慧、陸妙淨。小說，蔡和、
李公佐。女流，史惠英、小張四郎，一世只在北瓦，占一座勾欄説
話，不曾去別瓦作場，人叫做小張四郎勾欄。合生，雙秀才。覆射，
女郎中。踢瓶弄椀，張寶歌。杖頭傀儡，陳中喜。懸絲傀儡，爐金
線。使捧作場，朱來兒。打硬，孫七郎。雜班，鐵刷湯、江魚頭、
兔兒頭、菖蒲頭。背商謎，胡六郎。教飛禽，趙十七郎。裝神鬼，
謝興歌。舞番樂，張遇喜。水傀儡，劉小僕射。影戲，尚保儀、賈
雄。賣嘌唱，樊華。唱賺，濮三郎、扇李二郎、郭四郎。説唱諸宮
調，高郎婦、黃淑卿。喬相撲，黿魚頭、鶴兒頭、鴛鴦頭、一條黑、
斗門橋、白條兒。踢弄，吳全腳、耍大頭。談諢話，蠻張四郎。散
耍，楊寶興、陸行、小關西。裝秀才，陳齋郎。學鄉談，方齋郎。
分數甚多，十三座勾欄不閑終日團圓。〔註6〕

以上二書詳細記載了北宋、南宋某一瓦舍的藝人和節目，如再參閱南宋周
密《武林舊事》〈瓦子勾欄〉的描述，我們可發現當時的節目竟有百種之多，
〔註7〕更顯示出宋代的瓦舍確實是令人著迷，流連忘返的地方，難怪《夢梁
錄》〈瓦舍〉，說：

瓦舍者，……頃者京師甚為士庶放蕩不羈之所，亦為子弟流連破壞
之門。杭城紹興間駐蹕於此，殿巖楊和王因軍士多西北人，是以城
內外拗立瓦舍，招集妓樂，以為軍卒暇日娛戲之地。今貴家子弟郎

〔註5〕 孟元老，《東京夢華錄》，卷5，京瓦伎藝。
〔註6〕 同註4。
〔註7〕 參閱周密，《武林舊事》，卷6，瓦子勾欄。

　　君，因此蕩遊破壞，尤甚于汴都也。〔註8〕

可見宋代的人們沈迷於瓦舍的聲色中似乎非常嚴重，尤其是南宋，幾乎已忘了北宋滅亡的教訓與恥辱。

　　　　　（中央日報副刊，第十七版長河版，民國八十二年十一月十七日）

〔註 8〕同註2。

附錄一　中國古代的連體嬰

摘　要

　　中國古代醫學不如現代發達，如有連體嬰誕生，不僅無法分割成功，又因其形體奇異，被古人在占卜的觀點上，視爲不吉祥的徵兆，因此一出生即被遺棄不養或殺死，甚至被拿來展示，當作賺錢的工具。

　　今本文即是針對以上的情形，論述中國古代連體嬰不同的組合、與占卜的關係、以及其遭遇等問題，以期對中國古代連體嬰有進一步的了解，使讀者能與今日自己所認知的連體嬰諸問題互相印證、比較。

一、前言

　　嬰兒的誕生固然是一個家庭的喜事，但是如有畸形兒誕生，反而使其家人受到莫大的衝擊與震撼，尤其是連體嬰的誕生，我想他們的失望與感嘆也更大吧？

　　關於連體嬰的誕生，在今日醫學發達的時代，已證實其原因之一是孕婦在懷孕初期服藥不當所致。而且已能將某種情況下的連體嬰予以分割，雖然二者的肢體、器官或許會有殘缺，甚至於只好犧牲某一方，以保住另一方，但是如果給予充分的照顧，仍可長大成人。反觀中國古代的連體嬰，則往往遭到遺棄的命運，任其死亡。

　　筆者曾查閱中國古代醫學婦產科方面的典籍，發現古人所撰的醫書對於婦女懷孕期間的安胎、胎教、生產等項目有很多記載。但是對於連體嬰的誕

生和預防則是並不了解，也幾乎沒有這一方面的記載，因此筆者只好從正史五行志、筆記小說、地方志或類書中查詢這一類的資料。

今本文擬在有限的史料中，就中國古代連體嬰不同的組合、和占卜的關係以及其遭遇等項目加以論述，以便讀者對中國古代連體嬰有進一步的了解。

二、連體嬰不同的組合

所謂連體嬰乃是指身體某些部位連結在一起的雙胞胎，因此當他們誕生時，常會有許多種不同的組合，茲舉例如下：

（一）《漢書》〈五行志〉說：「（西漢平帝）元始元年（西元 1 年）……六月，長安女子有生兒，兩頭、異頸、面相鄉、四臂、共胸、俱前鄉，尻上有目長兩寸所。」〔註1〕這是胸部相連的連體嬰，但是更奇怪的是在脊椎骨末端，竟然長有眼睛。

（二）《後漢書》〈靈帝本紀〉說：「是歲（東漢靈帝光和二年，西元 179年），……洛陽女子生兒，兩頭、四臂。」〔註2〕

（三）《後漢書》〈五行志〉說：「（東漢靈帝）中平元年（西元 184 年）六月壬申，洛陽男子劉倉居上西門外，妻生男，兩頭共身。」〔註3〕

（四）《後漢書》〈靈帝本紀〉說：「是歲（東漢靈帝中平二年，西元 185年），……洛陽民生兒，兩頭、四臂。」〔註4〕

（五）《後漢書》〈五行志〉說：「（東漢獻帝）建安中，女子生男，兩頭共身。」〔註5〕

（六）《南齊書》〈五行志〉說：「（齊武帝）永明五年（西元487年），吳興東遷民吳休之家女人雙生二兒，胸以下臍以上合。」〔註6〕

（七）《魏書》〈靈徵志〉說：「（北魏莊帝）永安三年（西元 530 年）十一月丁卯，京師民家妻產男，一頭、二身、四手、四腳、三耳。」〔註7〕

（八）《酉陽雜俎》說：「秀才田譚云：『（唐文宗）太和六年（西元 832

〔註1〕班固，《漢書》卷二七下之上，〈五行志〉第七下之上，頁1473。
〔註2〕范曄，《後漢書》卷八，孝靈帝紀第八，頁343。
〔註3〕書同前，志第一七，五行五，人痾，頁3348。
〔註4〕同註2，頁352。
〔註5〕同註3，頁3350。
〔註6〕蕭子顯，《南齊書》卷一九，志第一一，五行，頁386。
〔註7〕魏收，《魏書》卷一一二上，靈徵志上，人痾，頁2916。

年）秋，涼州西縣百姓妻產一子，四手、四足、一身分兩面、項上髮一穗，長至足。』」〔註8〕

（九）《新唐書》〈懿宗本紀〉說：「（唐懿宗）咸通十四年（西元873年）四月，并州民產子，二頭、四手。」〔註9〕

（十）《十國春秋》〈吳睿帝本紀〉說：「（吳睿帝）大和六年（西元934年）……五月……江西館驛巡官黃極子婦生男子，一首、兩身相背、四手、四足。」〔註10〕

（十一）《十國春秋》〈南漢後主本紀〉說：「大寶九年（西元967年）四月，常康縣民妻生子，兩首、四臂。」〔註11〕

（十二）《宋史》〈五行志〉說：「（南宋孝宗）隆興元年（西元1163年），建康民流寓行都而婦產子，二首具羽毛之形。」〔註12〕此項史料提到「羽毛之形」實在令人不解，到底是怎樣的組合。

（十三）《宋史》〈五行志〉說：「（南宋孝宗）乾道五年（西元1169年），……餘杭縣婦產子，青而毛、二肉角，又有二家婦產子亦如之，皆連體兩面相鄉，三家才相距一二里。」〔註13〕

（十四）《宋史》〈五行志〉說：「（南宋理宗）嘉定四年（西元1211年）四月，鎮江府後軍妻生子，一身、二首而四臂。」〔註14〕

（十五）《湖廣通志》說：「（明孝宗）弘治……十二年（西元1499年）……四月，華容民王金妻生子，異形，一身、四頭、四耳、兩口、兩牙。」〔註15〕這是比較特殊的連體嬰，竟然有四個頭共用一身，難怪史書以「異形」稱之。

（十六）《留青日札》說：「（明孝宗）弘治間，湖市民家生子，一頭、兩面、二耳、四足，具男女形。」〔註16〕

（十七）《留青日札》說：「（明世宗）嘉靖初，西溪婦生一子，兩頭、一

〔註8〕段成式，《酉陽雜俎》續集卷三，頁14，《文淵閣四庫全書》子部小說家類。
〔註9〕歐陽修，《新唐書》卷九，本紀第九，懿宗，頁263。
〔註10〕吳任臣，《十國春秋》卷第三，吳三，睿宗本紀，頁13。
〔註11〕書同前，卷第六〇，南漢三，後主本紀，頁4。
〔註12〕脫脫，《宋史》卷六二，志第一五，五行一下，頁1369。
〔註13〕註同前。
〔註14〕同註12，頁1370。
〔註15〕夏力恕等，《湖廣通志》卷一，星野、祥異附，頁48，《文淵閣四庫全書》史部地理類。
〔註16〕田藝蘅，《留青日札》卷二，生異類，頁88。

身，五臟在外。」〔註17〕

（十八）《明史》〈五行志〉說：「嘉靖二年（西元 1523 年）六月，曲靖衛舍人胡晟妻生一男，兩頭、四手、三足。」〔註18〕

（十九）《湖廣通志》說：「嘉靖……五年（西元 1526 年），麻城民宋氏婦生兒，兩頭、四臂、四足。」〔註19〕

（二十）《貴州通志》說：「嘉靖十二年（西元 1533 年）春三月，安南衛生兩頭男。」〔註20〕

（二十一）《留青日札》說：「嘉靖……二十四年（西元 1545 年），良渚王本妻生一男，兩頭。」〔註21〕

（二十二）《湖廣通志》說：「嘉靖……四十二年（西元 1563 年）……城步民胥應時妻生子，異形，兩頭、三手、齒、髮全，與眉齊。」〔註22〕

（二十三）《山西通志》說：「（明神宗）萬曆三十八年（西元 1610 年）……繁峙民李宜臣妻孿生二女，頭面相連，手足各分。其一，耳目各一、齒四、手足俱具。一則耳目各一、齒四、一手、兩足。」〔註23〕

（二十四）《畿輔通志》說：「萬曆四十八年（西元 1620 年），廣平有丐者抱兩頭兒。」〔註24〕

（二十五）《陝西通志》說：「（明熹宗）天啓四年（西元 1624 年），會寧有生子，一身兩頭者。」〔註25〕

（二十六）《明史》〈五行志〉說：「（明思宗）崇禎……八年（西元 1635 年）夏，鎮江民婦產一子，項載兩首、臀贅一首，與母俱斃。」顯然此一連

〔註17〕註同前。

〔註18〕張廷玉，《明史》卷二八，志第四，五行一，人痾，頁 441。

〔註19〕同註15，頁 51。

〔註20〕靖道謨等，《貴州通志》卷一，星野、氣候、祥異，頁 17，《文淵閣四部全書》史部地理類。《明史》〈五行志〉也說：「（明世宗）嘉靖十二年（西元 1533 年），貴州安南衛軍李華妻生男，兩頭、四手、四足。」（頁 441）

〔註21〕同註16。

〔註22〕同註15，頁 55。

〔註23〕儲大文等，《山西通志》卷一六三，祥異，頁 28，《文淵閣四部全書》史部地理類。《明史》〈五行志〉也說：「（明神宗）萬曆三十七年（西元 1609 年）六月，繁峙民李臣妻牛氏一產二女，頭面相連，手足各分。」（頁 442）但二者紀年相差一年。

〔註24〕陳夢雷，《古今圖書集成》，曆象彙編，庶徵典，第一四二卷，人異部，頁 1434。

〔註25〕註同前。

體嬰有三個頭，而其中一個竟然長在臀部，眞令人感到驚奇。〔註 26〕

（二十七）《湖廣通志》說：「崇禎十年（西元 1637 年）……衡陽民家婢生子，兩頭、四足。」〔註 27〕

（二十八）《明史》〈五行志〉說：「崇禎……十五年（西元 1642 年）十一月，曹縣民婦產兒，兩頭、頂上有眼，手過膝。」〔註 28〕

（二十九）《清史稿》〈災異志〉說：「（清聖祖）康熙三十九年（西元 1700年），湖州陸氏婦產一男，兩首、四臂。」〔註 29〕

（三十）《清史稿》〈災異志〉說：「（清仁宗）嘉慶……十五年（西元 1810年）正月，黃濟縣民金澤妻生子，無耳目口鼻，兩頭一角，扣之有聲如銅。」〔註 30〕

（三十一）《清史稿》〈災異志〉說：「（清文宗）咸豐六年（西元 1856 年），黃安縣民婦產一子，二首、一身。」〔註 31〕

從以上所引各書對中國古代連體嬰的記載，我們可知連體嬰的誕生確實會出現許多種不同的組合，例如一身有二頭、三頭，甚至於四頭者，也有一頭二身、一頭兩面、二身頭面相連、二身胸腹相連者，而且器官、四肢往往也會有殘缺或異狀。因此在中國古代醫學和生活環境有限的情況下，實在很難存活，尤其是頭面相連或一身兩頭的連體嬰，即使在今日醫學發達的時代，也很難予以分割成功。

三、連體嬰與占卜

中國自古以來即是一個很重視占卜的國家，上自皇帝下至百姓，對於大自然的異象或人體的異形，常會以占卜來加以預測、論斷，以便判斷徵兆。因此產生許多占卜吉凶的說法，而連體嬰的誕生在古人的占卜中即被視爲不吉祥的徵兆。根據《古今圖書集成・庶徵典・人異部》〈人生子異形占〉說：「人生子二首不一也。足多，所任邪也；足少，下不勝任也；下體生上，不敬之咎也；上體生下，媟瀆之應也；……人生子多首，君王有咎，民

〔註 26〕同註 18，頁 442。
〔註 27〕同註 15，頁 60。
〔註 28〕同註 26。
〔註 29〕趙爾巽，《清史稿》卷四〇，志一五，災異一，頁 1520。
〔註 30〕書同前，頁 1525。
〔註 31〕同註 29，頁 1527。

饑流亡；人生二首，不出三年，王者起征四方，為首者亡，一曰天下有二
王。……人生有兩身，世主被殃，人民散亡。人生有二背，臣反主亡。……。」
〔註32〕

由此可知，古人常將連體嬰的誕生和國運、君主、民政的不吉祥徵兆聯
想在一起。因此每當有婦女生產連體嬰時，常立即予以棄置，任其死亡。據
《後漢書》〈五行志〉說：「（東漢靈帝）光和二年（西元 179 年），雒陽上西
門外女子生兒，兩頭、異肩、共胸、俱前向，以為不祥，墮地棄之。自此之
後，朝廷霧亂，政在私門，上下無別，二頭之象。後董卓戮太后，披以不孝
之名，放廢天子，後復害之，漢元以來，禍莫踰此。」〔註33〕顯然當時人們
將東漢末年的亂象與連體嬰誕生帶來不吉祥的徵兆牽扯在一起。

中國古人將連體嬰的誕生，視為一種不吉祥的徵兆，此看法似乎很強烈。
例如《晉書》〈五行志〉說：「（西晉）愍帝建興四年（西元 316 年）新蔡縣吏
任僑妻產二女，腹與心相合，自胸以上，臍以下各分。此蓋天下未一之妖也。
時內史呂會上言：『按瑞應圖，異根同體謂之連理；異畝同穎謂之嘉禾。草木
之異猶以為瑞，今二人同心，易稱二人同心，其利斷金，蓋四海同心之瑞也。
時皆哂之。俄而四海分崩，帝亦淪沒。』」〔註34〕可見當時人們對於這一次連
體嬰的誕生，還是比較相信是一種不吉祥的徵兆，而對於呂會將其當作吉祥
徵兆，反而覺得好笑。

另外，《隋書》〈五行志〉說：「（北齊文宣帝）天保中，臨漳有婦人產子，
兩頭共體。是後政由姦佞，上下無別，兩頭之應也。」〔註35〕《新唐書》〈五
行志〉說：「（唐懿宗）咸通十三年（西元 872 年）四月，太原晉陽民家有嬰
兒，兩頭、異頸、四手、聯足，此天下不一之妖。」〔註36〕《續夷堅志》也
說：「（金哀宗）正大辛卯（八年，西元 1231 年）十二月，陽翟士人王子思家，
一婢生子，一身、兩頭。乳媼以為怪，摘去其一，氣系分兩歧而出。明年正
月，西行諸軍，有三峰之敗。」〔註37〕這三項史料，也都顯現出連體嬰的誕
生，在中國古人占卜的觀念中，確實將其視為不吉祥的徵兆。

〔註32〕 同註24，〈人生子異形占〉，頁 1417。
〔註33〕 《後漢書》，志第一七，五行五，人疴，頁 3347。
〔註34〕 房玄齡，《晉書》卷二九，志第一九，五行下，頁 909。
〔註35〕 魏徵，《隋書》卷二三，志第一八，五行下，頁 661。
〔註36〕 《新唐書》卷三六，志第二六，五行三，頁 956。
〔註37〕 元好問，《續夷堅志》卷二，生子兩頭，頁 10。

四、連體嬰的遭遇

　　中國古人既然視連體嬰的誕生爲一種不吉祥的徵兆，因此連體嬰一出生即常被棄養。再加上中國古代醫學對連體嬰無法分割成功，因此其命運大多是很悲慘的，筆者先提一則同一位女子先後兩次生產均是連體嬰的記錄，據《新唐書》〈五行志〉說：「（唐高宗）儀鳳三年（西元 678 年）四月，涇州獻二小兒，連心異體。初，鶉觚縣衛士胡萬年妻吳氏生一男一女，其胸相連，餘各異體，乃析之，則皆死；又產，復然，俱男女，遂育之。至是四歲，獻於朝。」〔註 38〕可見當時醫術不如今天進步，因此把胸部相連的連體嬰分割時，造成了兩者都死亡的結果。而更罕見的是，該位女子竟然連續兩次都生產連體嬰，但是第二次，其家人則不敢再加以分割，因此將其養育至四歲獻給朝廷，只是不知後來命運如何？

　　其實有很多連體嬰在母體中或誕生後即死亡的，例如明人陸粲《庚巳編》〈產異〉說：「姨夫徐文甫嘗見人擔二兒，其腹皮相黏不可劈，狀若交合者，云亦出胎時死。」〔註 39〕並且成爲眾人好奇爭相觀看的對象，據宋人周密《癸辛雜識》說：「（元世祖）至元二十七年（西元 1290 年）大水，湖州府儀鳳橋下有新生死小兒棄於水中者，兩手、四臂、四足、面相嚮抱持、胸脅相連，一男一女，丐者取以示人而乞錢。」〔註 40〕這對連體嬰誕生後，可能不久即死亡被棄於水中，竟又被乞丐撿來展示，當作賺錢的工具，實在可憐。明代也有類似的情形，據明人陸粲《庚巳編》說：「（明孝宗）弘治中，常熟縣民婦生兒，一身、兩頭，出胎即死。人爭往觀，有與之錢者。民貧，覬久見利，仍醃而藏之。」〔註 41〕此一連體嬰出生即死亡，但是其親人卻不予以埋葬，反而加以醃藏，以便能長期展示賺錢，眞是毫無人道可言。另外清人錢泳《履園叢話》也提到：「（清高宗）乾隆辛亥（五十六年，西元 1791 年）秋，餘姚儀家橋謝姓產一兒，兩面、五官皆備，作直聲啼，咸爲不祥，棄置野田中，聚觀如市。（清仁宗）嘉慶丙子（二十一年，西元 1816 年）七月，常熟西南鄉羊尖鎮北塘岸上朱姓家，生一女，有兩頭、眉目鼻口皆具，近觀者數千人。案《述異記》，漢平帝元始二年（西元 2 年）六月，長安女子生兒，

〔註38〕同註 36，頁 954。
〔註39〕陸粲，《庚巳編》卷第七，產異，頁 80。
〔註40〕周密，《癸辛雜識》別集上，陶斐雙緓，頁 223。
〔註41〕《庚巳編》卷第八，人病，頁 89。

兩頭、異頸、頭面相向、四臂、共胸，即此類也。」〔註42〕可見古人基於對連體嬰的好奇心，因此前往觀看者，竟然達到「聚觀如市」、「近觀者數千人」的盛況。

中國古代連體嬰的遭遇，最悽慘的莫過於在出生後被視爲不祥而被殺死，例如《庚巳編》說：「乳醫周嫗者爲予言，曾爲人家看產兒，有四頭連綴一項，驚懼殺之，嫗祕其家姓，不肯道。」〔註43〕

五、結論

綜合以上的論述，筆者深深覺得即使在今日醫學發達的現代，對於胎兒誕生形體的健全與否，人們也仍然無法控制，更何況是在中國古代醫學發展有限的時代，再加上古人不甚明白導致連體嬰誕生的原因，因此當他們面對連體嬰的奇形怪狀時，往往受到驚嚇而無法接受。因而很自然地在占卜的觀念上，將其視爲一種不吉祥的徵兆，不僅不敢養育，見其出生也隨即將其遺棄或殺死。同時因連體嬰的罕見，又有人將其展示給人觀看，當作賺錢的工具。這些做法在今日講求生命權、生存權的時代，應都已被否定。因此筆者以本文論述較少被人注意的中國古代連體嬰，其用意即是希望讀者能和今日連體嬰的遭遇互相印證、比較，以期對中國人體醫學史研究有一綿薄的貢獻。

徵引書目

1. 元好問，《續夷堅志》，《筆記小說大觀》正編第二冊，台北：新興書局，民國62年4月初版。

2. 田藝蘅，《留青日札》，台北：廣文書局，民國58年9月初版。

3. 吳任臣，《十國春秋》，台北：鼎文書局，民國68年2月二版。

4. 房玄齡，《晉書》，台北：鼎文書局，民國68年2月二版。

5. 周密，《癸辛雜識》別集上，北京：中華書局，1988年1月初版。

6. 段成式，《酉陽雜俎》續集，《文淵閣四庫全書》子部小說家類，台北：台灣商務印書館，民國75年3月初版。

7. 夏力恕，《湖廣通志》，《文淵閣四庫全書》史部地理類，台北：台灣商務印書館，民國75年3月初版。

〔註42〕錢泳，《履園叢話》下，卷一四，頁8。
〔註43〕同註41。

8. 班固,《漢書》,台北：鼎文書局,民國 68 年 2 月二版。

9. 范曄,《後漢書》,台北：鼎文書局,民國 68 年 2 月二版。

10. 脫脫,《宋史》,台北：鼎文書局,民國 68 年 2 月二版。

11. 張廷玉,《明史》,台北：鼎文書局,民國 68 年 2 月二版。

12. 陸粲,《庚巳編》,北京：中華書局,1987 年 4 月初版。

13. 陳夢雷,《古今圖書集成》,台北：鼎文書局,民國 66 年 4 月初版。

14. 靖道謨等,《貴州通志》,《文淵閣四庫全書》史部地理類,台北：台灣商務印書館,民國 75 年 3 月初版。

15. 趙爾巽,《清史稿》,台北：鼎文書局,民國 70 年 9 月初版。

16. 歐陽修,《新唐書》,台北：鼎文書局,民國 68 年 2 月二版。

17. 儲大文等,《山西通志》,《文淵閣四庫全書》史部地理類,台北：台灣商務印書館,民國 75 年 3 月初版。

18. 錢泳,《履園叢話》,台北：鼎文書局,民國 58 年 9 月初版。

19. 魏收,《魏書》,台北：鼎文書局,民國 68 年 2 月二版。

20. 魏徵,《隋書》,台北：鼎文書局,民國 68 年 2 月二版。

21. 蕭子顯,《南齊書》,台北：鼎文書局,民國 68 年 2 月二版。

（淡江大學歷史學系、化學學系主辦,世界華人科學史學術研討會,民國九十年三月二十四日）

附錄二　唐玄宗與羯鼓

摘　要

　　本文主要是討論羯鼓從西域傳入中原之後，曾在唐代開元、天寶年間，因爲受到皇帝唐玄宗的喜愛而風行一時。唐玄宗不僅勤加練習，成爲打羯鼓的高手。他也很喜歡在演奏會中親自負責打羯鼓的項目，並且作了很多首羯鼓曲。另外，當時的王公、朝臣、樂工們隨著唐玄宗喜愛羯鼓，也跟著練習打羯鼓，因此出現了幾則唐玄宗與羯鼓有關的典故。

一、前言

　　羯鼓是一種由西域傳入中原的打擊樂器，在唐玄宗開元、天寶年間曾經風行一時。〔註1〕其風行的主要原因，是因爲唐玄宗以皇帝之尊對此種樂器特別喜愛，並且勤加練習，成爲打羯鼓的高手。他不僅常在演奏會中親自負責打羯鼓的項目，其本人也作了很多首羯鼓曲。另外值得一提的是，當時的王公、朝臣、樂工們隨著唐玄宗喜愛羯鼓，也跟著練習打羯鼓，使打羯鼓的風行達於盛況，並且出現了幾則唐玄宗與羯鼓有關的典故。

　　以上環繞於唐玄宗與羯鼓的氛圍中，所產生的種種相關史實，即是本文所要論述的內容。

〔註 1〕關於唐玄宗開元、天寶年間，羯鼓樂器風行的盛況，可參閱李暉，〈唐詩"羯鼓"考〉，《安徽新戲》1998 年第 5 期，頁 52～57。

二、唐玄宗最愛打羯鼓

　　唐玄宗深懂音樂，造詣高明，因此在諸多史書中，常提到其具有這一方面的才華。例如後晉‧劉昫《舊唐書》〈玄宗本紀〉，說：「（唐玄宗）性英斷多藝，尤知音律，……。」〔註2〕宋‧歐陽修《新唐書》〈玄宗本紀〉，說：「（唐玄宗）性英武，善騎射，通音律，……。」〔註3〕後晉‧劉昫《舊唐書》〈嚴挺之傳〉，說：「……玄宗又善音律，……。」〔註4〕宋‧司馬光《資治通鑑》〈唐紀〉，說：「舊制，雅俗之樂，皆隸太常。上（唐玄宗）精曉音律，以太常禮樂之司，不應典倡優雜伎；乃更置左右教坊以教俗樂，命右驍衛將軍范及爲之使。」〔註5〕唐‧南卓《羯鼓錄》，也說：「上（唐玄宗）洞曉音律，由之天縱，凡是絲管，必造其妙。」〔註6〕可見唐玄宗確實是一位精通音樂的唐代皇帝，並且能指導宮廷中的樂工。據宋‧歐陽修《新唐書》〈禮樂志〉，說：「（唐）玄宗既知音律，又酷愛法曲，選坐部伎子弟三百教於梨園，聲有誤者，帝必覺而正之。號『皇帝梨園弟子』。」〔註7〕根據此段記載，顯然唐玄宗不僅能以其高明的音樂才華，對這些梨園弟子予以音樂方面的專門指導，而且竟然能在數百位演奏者當中，查覺出某人演奏有誤而予以糾正，這更說明了唐玄宗音樂的造詣相當高明。

　　唐玄宗此一高超的音樂才華，應該與其音樂家學淵源有很深的關係。因爲其父親唐睿宗也是一位愛樂者，據後晉‧劉昫《舊唐書》〈嚴挺之傳〉，說：「（唐）睿宗好樂，聽之忘倦。玄宗又善音律，……。」〔註8〕這段記載顯示出唐玄宗的「善音律」，應該與其父親很喜歡音樂有關。而唐睿宗尤其喜愛彈奏琵琶，據唐‧鄭處誨《明皇雜錄》〈逸文〉，說：「羯胡（指安史之亂）犯京，上（唐玄宗）欲遷幸，復登花萼樓，置酒四顧，乃命進玉環。玉環者，睿宗

〔註2〕後晉‧劉昫，《舊唐書》（台北市：鼎文書局，民國 70 年 1 月），卷八，本紀第八，玄宗上，頁 165。

〔註3〕宋‧歐陽修，《新唐書》（台北市：鼎文書局，民國 74 年 2 月），卷五，本紀第五，玄宗，頁 121。

〔註4〕後晉‧劉昫，《舊唐書》，卷九九，列傳第四九，嚴挺之，頁 3103。

〔註5〕宋‧司馬光，《資治通鑑》（台北市：明倫書局，民國 66 年），卷第二一一，唐紀二七，頁 6694。

〔註6〕唐‧南卓，《羯鼓錄》（上海市：上海古籍出版社，1988 年 12 月新 1 版），頁 3。

〔註7〕宋‧歐陽修，《新唐書》，卷二二，志第一二，禮樂一二，頁 476。

〔註8〕同註4。

所御琵琶也。異時上長樂宮中，常置別榻，以帕覆之。不以雜他樂器，而未嘗持用。至是，命樂工賀懷智取調之，又命禪定僧段師彈之。」〔註9〕可知唐睿宗有一把屬於他專用的琵琶，稱爲「玉環琵琶」，而且這把琵琶後來還傳承給唐玄宗，一直珍藏至天寶末年，唐玄宗因避安史之亂，準備逃往四川之前都還在。唐‧張祜〈玉環琵琶〉詩提到此段史實，說：「宮樓一曲琵琶聲，滿眼雲山是去程。回顧段師非汝意，玉環休把恨分明。」〔註10〕

　　論及唐玄宗擅長演奏的樂器，其中之一是吹笛，據唐‧李濬《松牕雜錄》，說：「（李）龜年遽以詞進，上（唐玄宗）命梨園弟子約略調撫絲竹，遂促龜年以歌。太眞妃持頗梨七寶盃，酌西涼州蒲萄酒，笑領意甚厚。上因調玉笛以倚曲，每曲遍將換，則遲其聲以媚之。」〔註11〕當時唐玄宗在樂工李龜年唱歌時，特別爲玉笛調音，以配合曲調，可知唐玄宗精通笛子。

　　唐‧鄭綮《開天傳信記》即提到一則唐玄宗作曲與玉笛的典故，說：

> 上（唐玄宗）嘗坐朝，以手指上下按其腹。朝退，高力士進曰：「陛下向來數以手指按其腹，豈非聖體小不安耶？」上曰：「非也，吾昨夜夢遊月宮，諸仙娛予以上清之樂，寥亮清越，殆非人間所聞也。酣醉久之，合奏諸樂，以送吾歸，其曲淒楚動人，杳杳在耳。吾回，以玉笛尋之，盡得之矣。坐朝之際，慮忽遺忘，故懷玉笛，時以手指上下尋，非不安。」力士再拜賀曰：「非常之事也，願陛下爲臣一奏之。」其聲寥寥然，不可名言也。力士又再拜，且請其名。上笑笑曰：「此曲名紫雲回。」遂載于樂章，今太常刻石在焉。〔註12〕

雖然唐玄宗自稱該曲是從夢中得自月宮諸神仙所演奏，但是我們可想而知，實際上是唐玄宗憑其自己的音樂才華與靈感而創作出來的。當時唐玄宗因爲唯恐把此首樂曲忘記了，因此就在坐朝論政時，將玉笛藏在衣服中，用手指上下尋找音階，使高力士誤以爲他身體違和。經過唐玄宗解釋之後，才轉憂爲喜，並且請唐玄宗用玉笛吹奏那首曲子。此一典故正足以說明唐玄宗擅長作曲，而且也精於吹笛。

〔註 9〕唐‧鄭處誨，《明皇雜錄》，收錄於《叢書集成新編》第八三冊（台北市：新文豐出版公司，民國74年1月），〈逸文〉，頁8。

〔註10〕唐‧張祜，〈玉環琵琶〉，《全唐詩》（台北市：明倫書局，民國60年5月），卷五一一，頁5847。

〔註11〕唐‧李濬，《松牕雜錄》，收錄於《叢書集成新編》第八三冊，頁3。

〔註12〕唐‧鄭綮，《開天傳信記》，收錄於《叢書集成新編》第八三冊，頁6。

關於唐玄宗擅長於吹笛的才華，我們又可從唐代一則流傳甚廣的傳奇性典故加以了解，首先據唐·張祜〈李謨（謩）笛〉詩，說：「平時東幸洛陽城，天樂宮中夜徹明。無奈李謨（謩）偷曲譜，酒樓吹笛是新聲。」〔註13〕而唐·元稹〈連昌宮詞〉，也提到相同的典故，說：「……李謩擪笛傍宮牆，偷得新翻數般曲。……。」〔註14〕元稹對於此一典故，還自己作注，說：

> 明皇嘗於上陽宮夜後按新翻一曲，屬明夕正月十五日潛遊燈下，忽
> 聞酒樓上有笛奏前夕新曲，大駭之。明日密遣捕捉笛者，詰驗之。
> 自云：其夕竊於天津橋玩月，聞宮中度曲，遂於橋柱上插譜記之。
> 臣即長安少年善笛者李謩也。明皇異而遣之。〔註15〕

此段注語的大意是說，李謩是唐玄宗時期一位擅長吹笛的少年，在某年正月十四日晚，唐玄宗於上陽宮用玉笛吹奏新作的樂曲。隔天元宵節晚上，唐玄宗喬裝出宮觀賞花燈，忽然聽見有人在酒樓上，用笛子吹奏其昨晚所吹奏的新曲，唐玄宗大吃一驚。翌日秘密派人把吹笛少年抓來，親自審問為何會吹奏這首曲子，李謩回答說：「因為前晚在天津橋上賞月，聽見宮中有人吹奏樂曲，就在橋上插小木枝記下曲譜，因此學會吹奏這首曲子。」唐玄宗聽了，更為驚訝，並且予以釋放。這則傳奇性的典故，後人多有持疑問者，例如明·胡震亨《唐音癸籤》，說：「至謂玄宗按樂上陽，（李）謩傍宮牆竊得其譜，世豈有天家屋垣，僅如窗隔，能屬耳得聲調宛悉者哉？考之謨（李謩）本教坊子弟，隸吹笛第一部，明皇嘗召之，與永新娘逐曲。樂譜正所有事，何須竊聽？好事者姑為之說，詫天上樂不易流傳。……謩嘗吹笛江上，寥亮逸發，能使微風颯至，舟人賈客有怨嘆悲泣之聲。」〔註16〕可知這則典故傳奇的性質頗大，但是無論如何，這則典故也更顯示出唐玄宗確實擅長作曲和吹笛。

另外，唐玄宗也擅長彈奏琵琶，據唐·南卓《羯鼓錄》，說：「上（唐玄宗）洞曉音律，由之天縱，凡是絲管，必造其妙。」〔註17〕以及宋·王讜《唐語林》卷四〈豪爽〉，說：「元宗（唐玄宗）洞曉音律，絲管皆造其妙。」

〔註13〕 唐·張祜，〈李謨笛〉，《全唐詩》，卷五一一，頁5839。

〔註14〕 唐·元稹，〈連昌宮詞〉，《全唐詩》，卷四一九，頁4612。

〔註15〕 註同前。

〔註16〕 明·胡震亨，《唐音癸籤》（上海市：上海古籍出版社，1981年5月），卷一四，頁155。

〔註17〕 同註6。

〔註 18〕這表示唐玄宗不僅擅長吹奏管樂器，也精於彈弄弦樂器，因此他頗擅長於彈奏琵琶。據宋・樂史《楊太眞外傳》卷上，說：

> 玄宗在東都，畫夢一女，容貌豔異，梳交心髻，大袖寬衣，拜於床前。上問：「汝何人？」曰：「妾是陛下凌波池中龍女，衛宮護駕，妾實有功。今陛下洞曉鈞天之音，乞賜一曲以光族類。」上於夢中爲鼓胡琴，拾新舊之曲聲，爲《凌波曲》。龍女再拜而去。及覺，盡記之。會禁樂，自御琵琶，習而飜之。與文武臣僚，於凌波宮臨池奏新曲，池中波濤湧起，復有神女出池心，乃所夢之女也。上大悅，語於宰相，因於池上置廟，每歲命祀之。〔註 19〕

此段記載雖然也是頗具傳奇性，但是等於告訴我們唐玄宗精於彈奏琵琶，因此在創作新曲之後，能一再的用琵琶彈奏至熟習的地步。

　　但是唐玄宗最喜愛的樂器，其實是打羯鼓。據唐・杜佑《通典》卷一四四，說：「羯鼓，正如漆桶，兩頭俱擊。以出羯中，故號羯鼓，亦謂之兩杖鼓。」〔註 20〕以及唐・南卓《羯鼓錄》，說：「羯鼓出外夷，以戎羯之鼓，故曰羯鼓。……，鼓如漆桶，下以小牙牀承之。擊用兩杖，……杖用黃檀、狗骨、花揪等木，須至乾緊絕濕氣，而復柔膩；乾取發越響亮，膩取戰裏健舉。桿用剛鐵，鐵當精鍊，桿當至勻，若不剛，即應條高下，擗捩不停，不勻，即鼓而緩急，若琴徽之攲病矣。」〔註 21〕從以上二書的描述，使我們對於羯鼓的淵源、形狀和鼓槌，稍微有所認識，也就是羯鼓是在南北朝從西域傳入中原的一種打擊樂器，因爲用兩枝木杖打擊，因此又稱爲「兩杖鼓」。

　　至於羯鼓的聲音，據唐・南卓《羯鼓錄》，說：「其聲焦殺鳴烈，尤宜促曲急破，作戰杖連碎之聲，又宜高樓玩景，明月清風，破空透遠，特異眾樂。」

〔註 18〕宋・王讜，《唐語林》，收錄於《叢書集成新編》第八三冊，卷四，〈豪爽〉，頁 96。

〔註 19〕宋・樂史，《楊太眞外傳》，卷上，收錄於《叢書集成新編》第八一冊，卷上，頁 7～8。

〔註 20〕唐・杜佑，《通典》（北京市：中華書局，1988 年 12 月），卷一四四，樂四，頁 3677。

〔註 21〕同註 6。關於羯鼓的淵源歷史與構造，可參閱戴寧，〈羯鼓論〉，《黃鐘》（武漢音樂學院學報）1992 年第 2 期，頁 46～52；戴寧，〈隋唐的打擊樂史〉，《藝術探索》1995 年第 3 期，頁 24～27、接 48；嚴昌洪、蒲亨強，《中國鼓文化研究》（桂林市：廣西教育出版社，1997 年 1 月），頁 316～326。

〔註22〕宋・李昉《太平廣記》也有類似的描述，說：「其聲焦殺鳴烈，尤宜促曲急破，作戰杖連碎之，又宜高樓翫景，明月清風，凌空透遠，極異眾樂。」

〔註23〕據此二書描述，使我們知道了羯鼓的聲音，可急促、可舒緩、可清幽、可高亢，能配合各種情境。而且其鼓聲的振動力很強，可以傳得很遠，足以引人注意，不同於其他樂器。

可能基於以上所述羯鼓的特點，使唐玄宗特別喜愛羯鼓，據唐・南卓《羯鼓錄》，說：「（唐玄宗）尤愛羯鼓、玉笛，常云（羯鼓）八音之領袖，諸樂不可為比。」〔註24〕宋・歐陽修《新唐書》〈禮樂志〉，則說：「帝（唐玄宗）又好羯鼓，……帝常稱：『羯鼓，八音之領袖，諸樂不可方也。』」〔註25〕唐玄宗既然「尤愛羯鼓」，因此對於此一外來的樂器頗勤加練習，據宋・李昉《太平廣記》，說：「李龜年善羯鼓，玄宗問卿打多少杖，對曰：『臣打五十杖訖。』上（唐玄宗）曰：『汝殊未，我打卻三豎櫃也。』後數年，又聞打三豎櫃，因錫一拂枚羯鼓捲。」〔註26〕三個豎櫃有多少枝木杖，我們不得而知，但是從唐玄宗的語氣，可知唐玄宗曾經很認真的練習打羯鼓，因此能成為打羯鼓的高手。

三、唐玄宗演奏打羯鼓

唐玄宗與其兄弟諸王相處和睦，因此常和兄弟們合奏音樂，據後晉・劉昫《舊唐書》〈睿宗諸子・讓皇帝憲〉，說：「玄宗於興慶宮西南置樓，西面題曰花萼相輝之樓，南面題曰勤政務本之樓。玄宗時登樓，聞諸王音樂之聲，咸召登樓同榻宴謔，或便幸其第，賜金分帛，厚其歡賞。諸王每日於側門朝見，歸宅之後，即奏樂縱飲，擊毬鬥雞，或近郊從禽，或別墅追賞，不絕於歲月矣。」〔註27〕可知唐玄宗與其兄弟感情良好，常一起同樂，尤其是合

〔註22〕同註6。

〔註23〕宋・李昉，《太平廣記》（台北市：文史哲出版社，民國70年11月），卷二〇五，樂三，羯鼓，頁1559。

〔註24〕同註6。按，杜佑，《通典》，卷一四四，樂四，八音，將唐代以前與唐代新創的樂器，分為金（鐘、銅鈸等）、石（磬等）、土（壎等）、革（鼓等）、絲（琴、瑟、箏、琵琶等）、木（拍板等）、匏（笙、竽、方響等）、竹（笛、簫等）八類，即是所謂「八音」。（頁3669～3683）

〔註25〕同註7。

〔註26〕宋・李昉，《太平廣記》，卷二〇五，樂三，李龜年，頁1562。

〔註27〕後晉・劉昫，《舊唐書》，卷九五，列傳第四五，睿宗諸子・讓皇帝憲，頁3011。按，唐睿宗李旦有六子，長子李成器、次子李成義（李撝）、三子李隆基、四

奏音樂。

　　而唐玄宗既然擅長打羯鼓，因此在與兄弟的演奏會中常自己親自負責打羯鼓的項目，據宋・司馬光《資治通鑑》卷二一一，說：

> 宋王成器、申王成義，於上（唐玄宗）兄也；岐王範、薛王業，上之弟也；豳王守禮，上之從兄也。……於殿中設五幄，與諸王更處其中，謂之五王帳。或講論賦詩，間以飮酒、博弈、游獵，或自執絲竹；成器善笛，範善琵琶，與上更奏之。〔註28〕

此段記載顯示了唐玄宗的兄弟也深受唐睿宗喜歡音樂的影響，各自有擅長演奏的樂器項目，因此唐玄宗得以和他們經常舉行演奏會。而唐玄宗雖然也擅長吹笛與彈奏琵琶，但是在此種演奏會中，其卻常自願負責打羯鼓。關於這種情形，唐・范攄《雲溪友議》〈雲中命〉，也說：「初，上（唐玄宗）自擊羯鼓，而不好彈琴，言其不俊也。又寧王吹簫，薛王彈琵琶，皆至精妙，其爲樂焉。」〔註29〕可見唐玄宗不喜愛彈琴，是認爲「其不俊也」，因此喜愛打羯鼓，因爲有豪邁的感覺。唐・李商隱〈龍池〉詩，也描述唐玄宗與兄弟的演奏會和宴會情形，說：「龍池賜酒敞雲屏，羯鼓聲高衆樂停。夜半宴歸宮漏水，薛王沈醉壽王醒。」〔註30〕這首詩顯示唐玄宗在龍池（在興慶宮內，是皇帝與后妃、諸王游宴的場所）開宴招待兄弟諸王，正擊奏著其喜愛的羯鼓樂器，而高亢的鼓聲使其他的樂器爲之停頓。〔註31〕

　　另外，據宋・樂史《楊太眞外傳》，說：「時新豐初進女伶謝阿蠻，善舞，上（唐玄宗）與妃子鍾念，因而受焉。就按於清元小殿，寧王吹玉笛，上羯

子李範（李隆範）、五子李業（李隆業）、六子李隆悌（早死）。在唐睿宗第一次即位時，即文明元年（684 年），曾立六歲的李成器爲皇太子。但是後來武則天稱帝，唐睿宗降爲皇嗣，李成器也降爲皇長孫。武則天死後，神龍元年（705 年），唐中宗復辟，改封李成器爲蔡王，不受。唐隆元年（710 年），進封爲宋王。同年，唐中宗被韋后毒殺，李隆基發動兵變，消除韋后勢力。唐睿宗再度爲皇帝，旋即傳位給李隆基，是爲唐玄宗。開元四年（716 年），李成器因爲避唐玄宗昭成皇后尊號，改名爲李憲。開元七年（719 年），改封李憲爲寧王。至開元二十九年（742 年），李憲死，唐玄宗追諡其爲讓皇帝。

〔註28〕宋・司馬光，《資治通鑑》，卷二一一，唐紀二七，頁 6700～6701。

〔註29〕唐・范攄，《雲溪友議》，收錄於《叢書集成新編》第八六冊，卷第六，頁 34。

〔註30〕唐・李商隱，〈龍池〉，《全唐詩》，卷五四○，頁 6195。

〔註31〕關於羯鼓高亢的聲音，使其他樂器爲之停頓，除有前引「羯鼓聲高衆樂停」之外，另外，唐・崔道融，〈羯鼓〉詩也提到，說：「華清宮裡打撩聲，供奉絲簧束手聽。」（《校編全唐詩》（下），武漢市：湖北人民出版社，2001 年 1月，頁 3727）描述羯鼓獨奏時，其他的演奏者都只能束手恭聽了。

鼓，妃琵琶，馬仙期方響，李龜年觱篥，張野狐箜篌，賀懷智拍板。自旦至午，歡洽異常。」〔註32〕此位女伶謝阿蠻特別擅長跳凌波舞，深受唐玄宗與楊貴妃的喜愛，因此當時為了觀賞謝阿蠻的跳舞，就由唐玄宗、楊貴妃、寧王和幾位樂工為其舞蹈伴奏，這真是一場「頂級」的樂舞表演，而唐玄宗在此次的表演中，仍然是負責打羯鼓。

四、唐玄宗創作羯鼓曲以及其他與羯鼓有關的典故

唐玄宗的音樂才華，不僅限於擅長演奏樂器，也精於作曲，據宋・王讜《唐語林》卷四〈豪爽〉，說：「元宗（唐玄宗）洞曉音律，絲管皆造其妙。製作諸曲，隨意即成，如不加意。」〔註33〕唐・南卓《羯鼓錄》，也說：「上（唐玄宗）洞曉音律，由之天縱，凡是絲管，必造其妙，若製作諸曲，隨意即成，不立章度，取適短長，應指散聲，皆中點拍。至於清濁變轉，律呂呼召，君臣事物，迭相制使，雖古之夔、曠，不能過也。」〔註34〕這表示唐玄宗作曲才華高明，可謂是與生俱來的，就連古代堯舜時期的夔，以及春秋時期師曠兩位音樂家都無法與其相比。

唐玄宗更是一位多產的作曲家，例如據後晉・劉昫《舊唐書》〈音樂志〉，說：「（唐）玄宗又製新曲四十餘，又新製樂譜。」〔註35〕顯然唐玄宗作曲新出不斷，而且唐玄宗所作的《凌波曲》、《紫雲迴》、《雨霖鈴》等，在當時也都膾炙人口，甚至流行於後世。在此僅以其所創作的羯鼓曲為例，唐・南卓《羯鼓錄》在書末附有一百三十二首羯鼓曲名，〔註36〕其中「諸曲調如《太簇曲》、《色俱騰》、《乞婆娑》、《曜日光》等九十二曲名，玄宗所製。」〔註37〕也就是在此書中所列的一百三十二首羯鼓曲，竟然有多達九十二首是唐玄宗本人所作，可見唐玄宗確實是一位多產的作曲家。

而更值得一提的是，《羯鼓錄》還特別記載了唐玄宗創作兩首羯鼓曲的過程，一為〈春光好〉，一為《秋風高》，其說：

　　嘗遇二月初，詰旦，巾櫛方畢，時當宿雨初晴，景色明麗，小殿內

〔註32〕宋・樂史，《楊太真外傳》，卷上，收錄於《叢書集成新編》第八一冊，卷上，
　　　　頁8。
〔註33〕同註18。
〔註34〕同註6。
〔註35〕後晉・劉昫，《舊唐書》，卷二八，志第八，音樂一，頁1052。
〔註36〕唐・南卓，《羯鼓錄》，頁12～15。
〔註37〕同註6。

庭，柳杏將吐，覩而嘆曰：「對此景物，豈得不爲他判斷之乎？」左
右相目，將命備酒。獨高力士遣取羯鼓。上（唐玄宗）旋命之，臨
軒縱擊一曲，曲名《春光好》，神思自得。及顧柳杏，皆已發拆。上
指而笑謂嬪御曰：「此一事不喚我作天公，可乎？」嬪御侍官，皆呼
萬歲。又製《秋風高》，每至秋空迴徹，纖翳不起，即奏之，必遠風
徐來，庭葉隨下。其曲絕妙入神，例皆如此。〔註38〕

可見唐玄宗不僅擅長於打羯鼓，也作有很多首羯鼓曲。其中《春光好》的創
作過程，更是所謂「羯鼓催花」典故的由來。

　　關於唐玄宗與「羯鼓催花」的典故，在後世文人的詩詞中，常加以引用，
筆者在此僅列四首，例如宋·無名氏〈鷓鴣天〉詞，說：「風約微雲不放明，
滿天星點綴明金。燭龍銜耀烘殘雪。羯鼓催花發上林。河影轉，漏聲沈，縷
衣羅薄暮雲深。更期明夜相逢處，還盡今宵未足心。」〔註39〕宋·陳與義〈次
韻王堯明郊祀顯相之作〉，說：「奏書初不待衡譚，奠璧都南萬玉參。黃屋倚
霄明半夜，紫壇承月眩諸龕。聲喧大呂初終六，影動玄圭陟降三。可是天公
須羯鼓，已回寒馭作春酣。」〔註40〕宋·陸游〈芳華樓夜飲〉，說：「結客追
遊亦樂哉，城南城北古池臺。香生赭汗連錢馬，光溢金船撥雪醅。難覓長繩
縻日住，且憑羯鼓喚花開。一春政使渾無事，醉到清明得幾回？」〔註41〕宋·
周密《武林舊事》提到「楊誠齋詩云：……『春色何須羯鼓催，君王元日領
春回。牡丹芍藥薔薇朵，都向千官帽上開。』」〔註42〕可見此一典故流傳頗爲
深廣。

　　唐玄宗與羯鼓有關的典故，除了前文所提到的「羯鼓催花」典故之外，
尚有「羯鼓解穢」一事，據唐·南卓《羯鼓錄》，說：

　　上（唐玄宗）性俊邁，酷不好琴，曾聽彈琴，正弄未及畢，叱琴者
　　出曰：「待詔出去！」謂內官曰：「速召花奴，將羯鼓來，爲我解
　　穢。」〔註43〕

〔註38〕唐·南卓，《羯鼓錄》，頁4。
〔註39〕宋·無名氏，〈鷓鴣天〉，收錄於《全宋詞》第五冊（北京市：中華書局，1999
　　　年1月），頁4641。
〔註40〕宋·陳與義，〈次韻王堯明郊祀顯相之作〉，收錄於《全宋詞》（北京市：北京
　　　大學出版社，1998年12月），卷一七三七，頁19492。
〔註41〕宋·陸游，〈芳華樓夜飲〉，收錄於《全宋詞》，卷二一六一，頁24416～24417。
〔註42〕宋·周密，《武林舊事》，收錄於《叢書集成新編》第九六冊，卷第一，頁2。
〔註43〕唐·南卓，《羯鼓錄》，頁5。

由於唐玄宗特別喜愛羯鼓的聲音有豪邁的氣慨，聽到琴聲反而覺得刺耳難聽，因此發出了「將羯鼓來，為我解穢」之語。

五、王公朝臣樂工打羯鼓

唐玄宗既然如此喜愛打羯鼓，因此當時王公、朝臣、樂工受其影響，也群起仿效，據宋・歐陽修《新唐書》〈禮樂志〉，說：「玄宗又好羯鼓，而寧王善吹橫笛，達官大臣慕之，皆喜言音律。」〔註44〕當時王公達官貴人受唐玄宗的影響，都因而喜歡談論音樂。甚至於寧王也對打羯鼓產生很大的興趣，據唐・段成式《酉陽雜俎》，說：「元宗（唐玄宗）常伺察諸王，寧王常夏中揮汗鞚鼓，所讀書乃龜茲樂譜也。上知之，喜曰：『天子兄弟，當極醉樂耳。』」〔註45〕可知寧王在夏居生活中，正在揮汗用力撐開羯鼓的鼓面，而且其所閱讀的書，也是以羯鼓為主要樂器的西域龜茲樂譜，使唐玄宗頗有遇到同好的感覺。

當時也有王公拜唐玄宗為師練習打羯鼓，而成為一位打羯鼓的高手，據唐・南卓《羯鼓錄》，說：

> 汝南王（李）璡，寧王長子也。姿容妍美，秀出藩邸，玄宗特鍾愛焉，自傳授之。又以其聰悟敏慧，妙達音旨，每隨游幸，頃刻不捨。璡常戴砑絹帽打曲，上（唐玄宗）自摘紅槿花一朵，置於帽上笪處，二物皆極滑，久之方安，遂奏《舞山香》一曲，而花不墜落，上大喜笑，賜璡金器一廚，因誇曰：「花奴（李璡小字）姿質明瑩，肌髮光細，非人間人，必神仙謫墮也。」〔註46〕

顯然唐玄宗與寧王長子花奴（李璡）的關係非比尋常，不僅對其特別鍾愛，也親自傳授打羯鼓的技巧，因此花奴在此次打羯鼓時，能穩住頭部，使帽上的槿花不致於掉落，唐玄宗對此還特別加以讚賞一番。但是花奴打羯鼓的技巧應該仍然不如唐玄宗高明，因為宋・范成大〈題《開元天寶遺事》〉詩，說：「御前羯鼓透春空，笑覺花奴手未工。一曲打開紅杏花，須知天子是天公。」〔註47〕

〔註44〕同註7。

〔註45〕唐・段成式，《酉陽雜俎》，收錄於《叢書集成新編》第一一冊，卷一二，語資，頁92。

〔註46〕唐・南卓，《羯鼓錄》，頁4～5。

〔註47〕宋・范成大，〈題《開元天寶遺事》〉，收錄於《全宋詩》，卷二二四四，頁25770。

在朝臣中也頗有擅長打羯鼓者，例如宰相宋璟即是其中一位，據唐・南卓《羯鼓錄》，說：

> 宋開府璟，雖耿介不羣，亦深好聲樂，尤善羯鼓，始承恩顧，與上（唐玄宗）論鼓事，曰：「不是青州石末，即是魯山花甆。撚小碧上，掌下須有朋肯之聲。」據此乃是漢震第二鼓也。且鼓用石末花甆，固是腰鼓，掌下朋肯聲，是以手拍，非羯鼓明矣。又開府謂上曰：「頭如青山峯，手如白雨點。」此即羯鼓之能事也。山峯取不動，雨點取碎急。上與開府兼擅兩鼓，而羯鼓偏好，以其比漢震稍雅細焉。〔註48〕

可知宋璟對於打羯鼓有很深的體會，他認爲打羯鼓的最高境界就是打鼓時，頭不能動，必須穩如青山，而雙手持木杖急促上下敲擊，必須如雨點急下，宋璟並且以此境界稱讚唐玄宗。關於宋璟與唐玄宗討論打羯鼓的心得，宋・牟巘五〈羯鼓圖〉詩，記有其事，說：「春光一曲透霓屏，紅錦繃中養不廷。誰道青峰白雨點，開元宰相也渠聽。」〔註49〕

在當時宮廷樂工中，除了前述李龜年擅長打羯鼓之外，尚有一位黃幡綽也深懂羯鼓，據唐・南卓《羯鼓錄》，說：

> 黃幡綽亦知音，上（唐玄宗）嘗使人召之不時至，上怒，絡繹遣使尋捕。綽既至，及殿側，聞上理鼓，固止謁者不令報。俄頃上又問侍官：「奴來未？」綽又止之。曲罷後，改奏一曲，纏三數十聲，綽即走入。上問：「何處去來？」曰：「有親故遠適，送至郊外。」上頷之。鼓畢，上謂曰：「賴稍遲，我向來怒時，至必撻焉。適方思之，長入供奉，已五十餘日，暫一日出外，不可不放他東西過往。」綽拜謝訖。內官有相偶語笑者，上詰之，具言綽尋至，聽鼓聲，候時以入。上問綽，綽語其方怒及解怒之際，皆無少差。上奇之，復屬聲謂曰：「我心脾肉骨下事，安有侍官奴聞小鼓能料之耶，今且謂我何如？」綽走下階，而北鞠躬大聲曰：「奉敕豎金雞！」上大笑而止。〔註50〕

當時唐玄宗要召見黃幡綽，但是黃幡綽卻遲遲才來，使唐玄宗很生氣，幸好

〔註48〕唐・南卓，《羯鼓錄》，頁6。
〔註49〕宋・牟巘五，〈羯鼓圖〉，收錄於《全宋詩》，卷三五一五，頁41978。
〔註50〕唐・南卓，《羯鼓錄》，頁5～6。

黃幡綽能從唐玄宗打羯鼓聲音的高低快慢，而知道唐玄宗心情的起伏，因此等唐玄宗心平氣和時，才入見唐玄宗，而免於受罰。

另外，當時隨著唐玄宗喜愛打羯鼓者，尚包括一些女樂工，據唐・張祜〈邠娘羯鼓〉詩，說：「新教邠娘羯鼓成，大酺初日最先呈。冬兒指向貞貞說，一曲乾鳴兩杖輕。」〔註51〕在三天全國性的會飲聚餐活動中，第一天就安排了打羯鼓的表演，而其中邠娘、冬兒、貞貞應該也是知曉羯鼓者。

六、結論

綜合以上所謂，可知羯鼓在唐玄宗開元、天寶年間，是頗為風行的打擊樂器，在宮廷宴會與樂舞表演中常有安排羯鼓的演奏，而其風行的主要原因是因為羯鼓特別受到唐玄宗的喜愛。

筆者認為這種原因，對於羯鼓風行的基礎與條件，其實是很脆弱的，因為一旦國運轉變或皇帝死亡，其風行的情況即有可能轉成衰微。也就是至唐玄宗天寶八年（749年），安史之亂發生，使唐玄宗時期的音樂機構，包括梨園、教坊均遭受嚴重的破壞，造成眾多的樂工被殺或流亡，大量的樂器也被毀壞或流失。據後晉・劉昫《舊唐書》〈音樂志〉，說：「天寶十五載（756年），玄宗西幸，（安）祿山遣其逆黨載京師樂器、樂伎、衣，盡入洛城。」〔註52〕唐・姚汝能《安祿山事蹟》也描述，說：「（安）祿山以車輦樂器及歌舞、衣服，迫脅樂工，牽制犀象，驅掠舞馬，遣入洛陽，復散于北，向時之盛掃地矣。」〔註53〕

在以上所述的情況之下，羯鼓當然也難逃衰微的命運，首先是羯鼓的樣式改變了，據宋・沈括《夢溪筆談》，說：

> 唐之杖鼓木，謂之「兩杖鼓」，兩頭皆用杖。今之杖鼓，一頭以手拊之，則唐之「漢震等二鼓」也。明帝（明皇）、宋開府皆善此鼓，其曲多獨奏，如鼓笛曲是也。今時杖鼓，常時只是打拍，鮮有專門獨奏之妙。〔註54〕

而羯鼓的樣式改變之後，羯鼓曲也就再難以流傳了，因此宋・沈括《夢溪筆

〔註51〕唐・張祜，〈邠娘羯鼓〉，收錄於《全唐詩》，卷五一一，頁5840。

〔註52〕後晉・劉昫，《舊唐書》，卷二八，志第八，音樂一，頁1052。

〔註53〕唐・姚汝能，《安祿山事蹟》，收錄於《叢書集成新編》第一○三冊，卷下，頁10。

〔註54〕宋・沈括，《夢溪筆談》，收錄於《叢書集成新編》第一一冊，卷五，樂律一，頁29。

談》，又說：

> 吾聞《羯鼓錄》序羯鼓之聲云：「透空碎遠，極異眾樂。」唐羯鼓曲，
> 今唯有邠州一父老能之，有《大合蟬》、《滴滴泉》之曲。予在鄜延
> 時，尚聞其聲，涇原承受公事楊元孫因奏事回，有旨令召此人赴闕，
> （楊）元孫至邠，而其人已死，羯鼓遺音遂絕，今樂部中所有（指
> 羯鼓曲），但名存而已，「透空碎遠」，了無餘跡，唐明帝與李龜年論
> 羯鼓云：「杖之弊者四櫃。」用力如此，其為藝可知也。〔註55〕

可見羯鼓曲至北宋時期已是名存實亡了。

　　筆者再查閱宋・孟元老《東京夢華錄》卷九，〈宰執親王宗室百官入內上
壽〉，說：

> 教坊樂部，列於山樓下綵棚中，……次一色畫面琵琶五十面，次列
> 箜篌兩座，……以次高架大鼓三面，……後有羯鼓兩座，如尋常番
> 鼓子，置之小卓子上，兩手皆執杖擊之，杖鼓應焉。次列鐵石方
> 響，……次列簫、笙、塤、箎、觱篥、龍笛之類，……。〔註56〕

這顯示羯鼓在北宋宮廷中的大樂演奏，尚為諸多樂器中的一項。但是筆者進
一步查閱宋・周密《武林舊事》，提到南宋教坊大樂中所用的樂器，卻就沒有
羯鼓這一項了。顯然羯鼓至宋代，在重要演奏會中已經是可有可無的打擊樂
器了，而羯鼓曲當然也是逐漸地散失。

徵引書目

一、基本史料

1. 後晉・劉昫，《舊唐書》，台北市：鼎文書局，民國70年1月。
2. 《全唐詩》，台北市：明倫書局，民國60年5月。
3. 《校編全唐詩》，武漢市：湖北人民出版社，2001年1月。
4. 唐・李濬，《松牕雜錄》，收錄於《叢書集成新編》第八三冊，台北市：新文豐出版社，民國74年1月。
5. 唐・杜佑，《通典》，北京市：中華書局，1988年12月。
6. 唐・范攄，《雲溪友議》，收錄於《叢書集成新編》第八六冊，台北市：新文豐出版社，民國74年1月。

〔註55〕書同前，頁28～29。
〔註56〕宋・孟元老，《東京夢華錄》，收錄於《叢書集成新編》第九六冊，卷九，頁171～172。

7. 唐・段成式，《酉陽雜俎》，收錄於《叢書集成新編》第一一冊，台北市：新文豐出版社，民國74年1月。

8. 唐・姚汝能，《安祿山事蹟》，收錄於《叢書集成新編》第一○三冊，台北市：新文豐出版社，民國74年1月。

9. 唐・南卓，《羯鼓錄》，上海市：上海古籍出版社，1988年12月。

10. 唐・鄭棨，《開天傳信記》，收錄於《叢書集成新編》第八三冊，台北市：新文豐出版社，民國74年1月。

11. 唐・鄭處誨，《明皇雜錄》，收錄於《叢書集成新編》第八三冊，台北市：新文豐出版社，民國74年1月。

12. 《全宋詩》，北京市：北京大學出版社，1988年12月。

13. 《全宋詞》，北京市：中華書局，1999年1月。

14. 宋・王讜，《唐語林》，收錄於《叢書集成新編》第八三冊，台北市：新文豐出版社，民國74年1月。

15. 宋・司馬光，《資治通鑑》，台北市：明倫書局，民國66年。

16. 宋・沈括，《夢溪筆談》，收錄於《叢書集成新編》第一一冊，台北市：新文豐出版社，民國74年1月。

17. 宋・李昉，《太平廣記》，台北市：文史哲出版社，民國70年11月。

18. 宋・周密，《武林舊事》，收錄於《叢書集成新編》第九六冊，台北市：新文豐出版社，民國74年1月。

19. 宋・孟元老，《東京夢華錄》，收錄於《叢書集成新編》第九六冊，台北市：新文豐出版社，民國74年1月。

20. 宋・樂史，《楊太眞外傳》，收錄於《叢書集成新編》第八一冊，台北市：新文豐出版社，民國74年1月。

21. 宋・歐陽修，《新唐書》，台北市：鼎文書局，民國74年2月。

22. 明・胡震亨，《唐音癸籤》，上海市：上海古籍出版社，1981年5月。

二、近人論文

1. 李暉，〈唐詩"羯鼓"考〉，《安徽新戲》1998年第5期。

2. 戴寧，〈羯鼓論〉，《黃鐘》（武漢音樂學院學報）1992年第2期。

3. 戴寧，〈隋唐的打擊樂史〉，《藝術探索》1995年第3期。

4. 嚴昌洪、蒲亨強，《中國鼓文化研究》，桂林市：廣西教育出版社，1997年1月。

（東吳大學人文社會學院主辦，第二十九屆系際
學術研討會，民國一○一年三月十六日）